PROGRAMAÇÃO DE EXPERT ADVISOR
Para Iniciantes

Estratégias de Lucro Máximo de Forex no MT4

WAYNE WALKER

© Direitos autorais 2018 por Wayne Walker, Todos os direitos reservados.

Este livro foi escrito com o objetivo de fornecer informações tão precisas e confiáveis quanto possível. Os profissionais devem ser consultados conforme necessário antes de empreender qualquer uma das ações aqui endossadas.

Esta declaração é considerada justa e válida tanto pela Ordem dos Advogados Americana quanto pela Associação do Comitê de Editores e é legalmente obrigatória em todos os Estados Unidos.

Além disso, a transmissão, duplicação ou reprodução de qualquer um dos seguintes trabalhos, incluindo informações precisas, será considerada um ato ilegal, independentemente de ser feito eletronicamente ou em papel. A legalidade se estende à criação de uma cópia secundária ou terciária da obra ou uma cópia registrada e só é permitida com o consentimento expresso por escrito da Editora. Todos os direitos adicionais são reservados.

As informações nas páginas seguintes são amplamente consideradas como um relato verdadeiro e preciso dos fatos, e como tal qualquer desatenção, uso ou mau uso das informações em questão por parte do leitor tornará qualquer ação resultante unicamente sob sua alçada. Não existem cenários em que o editor ou o autor desta obra possa ser de alguma forma considerado responsável por qualquer dificuldade ou dano que possa lhes ocorrer após empreender as informações aqui descritas.

Índice

INTRODUÇÃO: Programação de Expert Advisor 7

CAPÍTULO 1: Básico de Trade 9

CAPÍTULO 2: Trade Automático 13

CAPÍTULO 3: MetaTrader e MetaEditor 17

CAPÍTULO 4: Diagramas de Fluxo 27

CAPÍTULO 5: Introduzindo Funções 37

CAPÍTULO 6: Função NewOrder() 63

CAPÍTULO 7: Função IsNewBar 73

CAPÍTULO 8: Função de Ordens Totais 81

CAPÍTULO 9: Função Para Fechar Todas as Ordens 89

CAPÍTULO 10: Função Pips 95

CAPÍTULO 11: Função BreakEven 101

CAPÍTULO 12: Função Trailing Stop 111

CAPÍTULO 13: Função Trade 121

CAPÍTULO 14: Função CandleClose 129

CAPÍTULO 15: Função de Estratégia 141

CAPÍTULO 16: Como Usar a Função OnTick() 147

CAPÍTULO 17: Definindo uma Estratégia de Trade 151

CAPÍTULO 18: Declaração If 155

CAPÍTULO 19: Função For Loop 159

CONCLUSÃO 163

PERFIL DO AUTOR 165

Programação de Expert Advisor

INTRODUÇÃO:
Programação de Expert Advisor

Parabéns por sua cópia pessoal de *Programação de Expert Advisor para Iniciantes*. Este livro especial lhe proporcionará uma base sólida das técnicas necessárias para a programação de Expert Advisor. A ênfase em todas as aplicações práticas que é o estilo de todos os meus trabalhos. Obrigado por ter escolhido este livro!

CAPÍTULO 1:
Básico de Trade

O que é trade em termos financeiros?

Trade é comprar ou vender um instrumento com o objetivo de lucrar com a negociação. Você especula sobre o preço subir ou descer. Você pode ir longo (comprar), onde você compra um instrumento e tenta vendê-lo a um preço mais alto. Ou você pode ir curto (vender), onde você pega "emprestado" um instrumento que está sendo vendido a um preço alto e especula que o preço vai diminuir, quando o preço diminuiu você o compra de volta do mercado e o devolve ao proprietário, um produtor de mercado, você mantém a diminuição no preço como lucro.

Você pode negociar com ou sem alavancagem. Se sua alavancagem é 1:200, isso significa que para cada dólar que você tem em sua conta, você tem o poder de compra de 200 vezes. Se você tiver 500 dólares em conta, você pode comprar por 200 x 500 = 10.000 dólares do valor do título. A margem é a quantia que você é obrigado a ter em sua conta para usar a alavancagem.

Diferentes tipos de ordens

Ordem de Compra no Mercado: Você compra o instrumento ao preço à vista atual.

Ordem de Compra Limite: Se o preço de mercado atual for 100, você pode colocar uma ordem de compra limite a 95 para comprar se o preço descer.

Ordem de Compra de Parada: Se o preço atual de mercado for 100 e você quiser comprar se o preço for acima de 110, então você coloca uma ordem de compra de parada a esse nível, e ela será acionada se o preço for acima disso. Você também pode fazer estes tipos de ordens no lado de venda. Exemplo: venda de limite venda, venda de parada, venda no mercado.

Stop-loss e Take-profit

Às vezes o mercado se move rapidamente e se você não puder estar na frente de seu computador, é possível definir ordens de saída para suas negociações. Essas ordens são chamadas de **stop-loss** e **take-profit**. Stop-loss é uma ordem que é acionada se sua negociação se move contra você e termina com uma perda. Take-profit é o oposto, é quanto lucro você quer do mercado.

CAPÍTULO 2:
Trade Automático

Por que trade automático – por que desenvolver algoritmos de sua estratégia de trade?

Há diversas vantagens do trade quantitativo. As pessoas têm sentimentos e emoções ligadas ao seu dinheiro, elas preferem perder pouco e ganhar muito. Imaginemos que você acabou de executar uma negociação, o que você vai vivenciar é que você não quer fechar uma negociação perdedora, é difícil aceitar a perda. Entretanto, se você tiver lucro, você preferirá fechar seu trade com um pequeno lucro. O que você também pode vivenciar é que, após fechar a operação vencedora, o mercado continua em seu favor. É difícil seguir emocionalmente a regra *"corte suas perdas e deixe os lucros correr"*. Ao automatizar sua estratégia, você permite que seu algoritmo faça a negociação e desvincule seus sentimentos da estratégia. Você tem regras pré-definidas em seu algoritmo que são executadas sem sua interação.

Como seres humanos, é difícil e demorado monitorar todos os mercados e esperar por todos os sinais de entrada. Ao automatizar sua negociação, você economiza tempo e aumenta o número de instrumentos que você é capaz de negociar porque, em vez disso, você executa seu algoritmo sobre eles. Você pode negociar quando quiser, qualquer que seja o mercado, sem usar tanto tempo na frente do computador.

Quando você está tentando desenvolver uma estratégia de trade, diversas ideias vêm em sua cabeça. Você começa a estudar os gráficos e olha 2-3 meses no passado para ver como a estratégia teria se saído. Esse período não é suficiente, você precisa percorrer muitos anos de retrocesso para provar se uma estratégia é boa. Isso só pode ser feito através do desenvolvimento de um algoritmo e do teste de vários anos, em diferentes instrumentos e prazos. No entanto, você não tem tempo para fazê-lo manualmente, pois é demorado e o tempo usado para desenvolver um novo sistema de trade irá diminuir. Ao aprender a programar, você se torna equipado para desenvolver novas estratégias de negociação e você também será capaz de detectar falsas estratégias.

Linguagem de programação

Há vários idiomas que você pode usar para programar sua estratégia de negociação. O que é verdade é que não há muita diferença entre as linguagens. Se você consegue programar em uma linguagem, também conseguirá programar em outras, basta fazer alguns ajustes na forma como você escreve os códigos, mas o básico é semelhante para muitas delas.

Vamos utilizar a plataforma Meta Trader 4. Eles utilizam programação MQL, que é semelhante ao Java/C/C#/C++. O motivo pelo qual estamos usando esta plataforma são vários. É código aberto, o que significa que é gratuito para programar uma estratégia, fazer backtest e executá-la em uma conta demo. A comunidade de negociação usando esta linguagem é enorme, portanto, se você tiver algum problema, você pode simplesmente procurar a solução no Google. Você também não precisa reunir dados históricos, pois eles já estão na plataforma. Finalmente, muitas corretoras estão usando a plataforma, portanto não é difícil encontrar uma corretora com as preferências que você precisa.

O objetivo deste livro é ser prático e ele lhe ensinará o que você precisa para programar sua própria estratégia de negociação.

CAPÍTULO 3:
MetaTrader e MetaEditor

MetaTrader

MetaTrader é a plataforma onde você negocia, você tem seus gráficos, executa seus algoritmos, estratégias de teste, basicamente tudo que você executa é feito nesta plataforma. Aqui você também pode realizar suas negociações manuais. Tudo o que você normalmente pode fazer em uma plataforma de negociação, você pode fazer aqui.

3-1 A imagem acima mostra o MetaTrader.

MetaEditor

Precisamos executar nosso MetaEditor, que é uma plataforma onde você cria seus próprios indicadores, algoritmos, que são Expert Advisors, ou escreve um script através de programação. Você usa o MetaTrader para executar o que codifica no MetaEditor.

Abra o MetaTrader – vá até o terminal – clique no "livro amarelo" – você então abrirá o MetaEditor

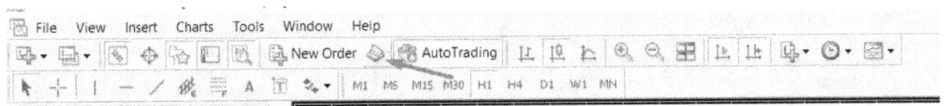

3-2 Acima está a imagem da barra de ferramentas no MetaTrader, clique no "livro amarelo" que é o MetaEditor.

Short key is: *Alt +F4*

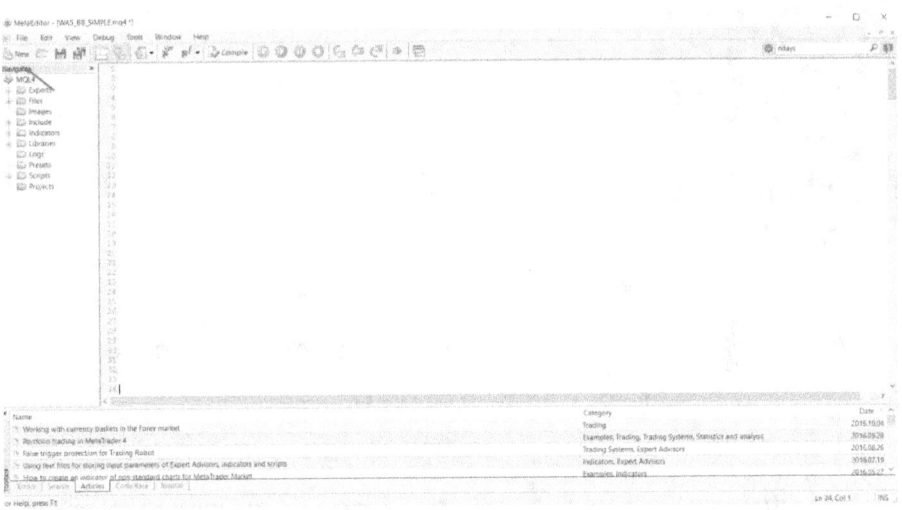

3-3 A imagem mostra o MetaEditor.

O MetaEditor, como o MetaTrader, também possui uma barra de ferramentas que consiste de botões que você utiliza frequentemente.

Crie um novo Expert Advisor/Algoritmo

Na barra de ferramentas à esquerda você tem um botão chamado *Novo*, clique nele.

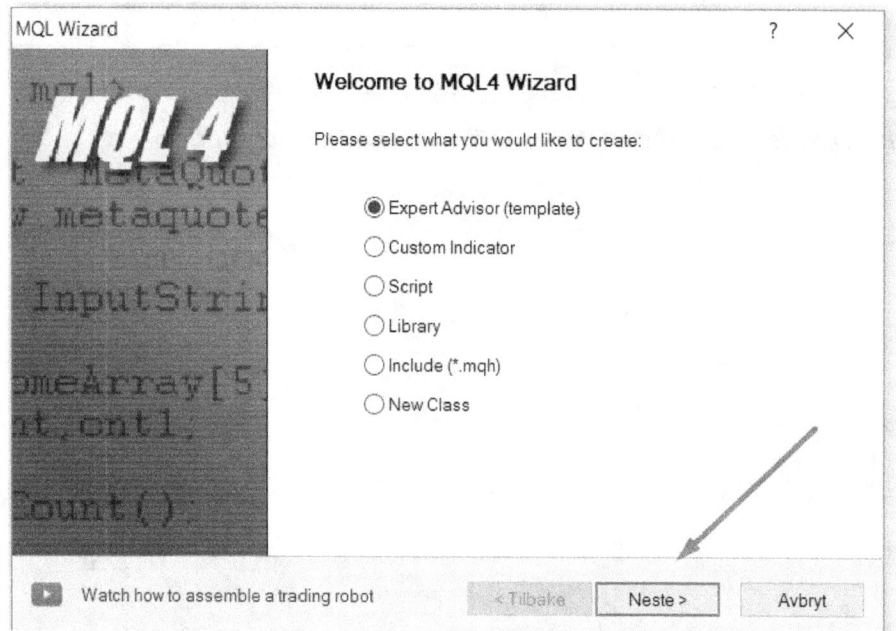

3-4 Esta caixa aparecerá quando você clicar no novo botão (Neste = Next nas plataformas em inglês).

Neste editor, você tem a opção de desenvolver diversos scripts que você pode executar, mas o que usaremos é o Expert Advisor, que é um Algoritmo de trade, e selecionamos o *Expert Advisor (template)* e pressionamos *next*. Então aparecerá um assistente onde você deverá especificar as propriedades gerais de seu Algoritmo.

Name: Você escreve o nome de seu Algoritmo

Author: Quem é o proprietário deste algoritmo, escreva seu nome aqui

Link: Se você tem um site, você pode colar o link dele aqui

3-5 Assistente de propriedades gerais.

Você não precisa preencher nada além de propriedades gerais, deixe tudo o resto ficar como está e pressione *next*.

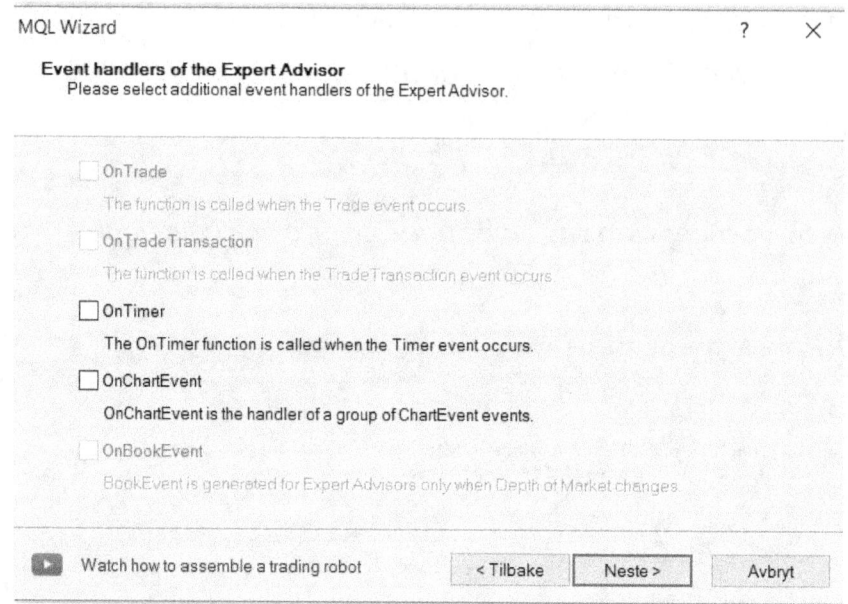

3-6 Na janela seguinte, marque todas as caixas e pressione next.

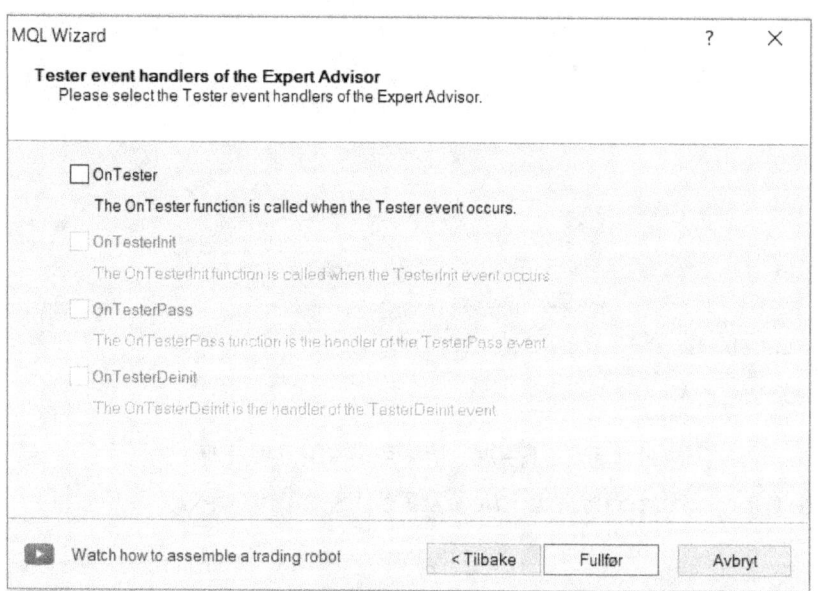

3-7 Também na janela seguinte, marque todas as caixas e pressione finish (Fullfør = Finish em plataformas em inglês)

Entendendo o script

Depois de finalizar o *assistente do novo expert advisor*, devemos ter criado um crânio de nosso primeiro script de nosso algoritmo. Usaremos esta seção para explicar a ilustração 3-8, você pode ver o script. Comece examinando o script cuidadosamente, tudo dentro dele, até mesmo cada ponto. Como tudo nele tem algum significado, e é sensível, se você escrever algo errado, não será capaz de executá-lo.

3-8 Crânio vazio ou modelo de um algoritmo (expert advisor).

Toda esta seção é chamada de script; este é o *crânio de seu algoritmo*.

1. *MyAlgo*, o nome que você escreveu em seu assistente. No editor, cada painel será um algoritmo e cada um terá seu próprio nome.

2. Esta seção, terá tudo o resto que você escreveu no assistente, seu nome, nome do autor e declarando que este script é propriedade do autor.

3. Um script é construído com várias funções, e todas as funções serão executadas quando você executar seu script em uma conta ativa ou no testador de estratégias. Você faz funções, nas funções você programa o que você quer fazer e dá entradas. A função pega sua entrada, faz as operações que você programou e então retorna uma saída que você lhe disse para dar. Uma função executa todas as operações nela. Como predefinido, todos os scripts vêm com três funções, e somente estas três funções serão usadas para chamar todas as outras funções (as funções podem chamar outras funções). Você pode ter a operação em uma função que ela chama em outra função. Como você pode ver em seu script, você terá três funções. A primeira é chamada de *int OnInit()*. Esta função será executada quando começarmos a utilizar este algoritmo, quer o coloquemos no gráfico ou o utilizemos no testador de estratégias. Ela será chamada apenas uma vez no início. Esta é uma função de inicialização expert.

4. *Void OnDeinit()*. Esta função será ativada no final, quando desativarmos nosso algoritmo do gráfico ou pararmos o testador de estratégias. Esta é uma função de desinicialização expert.

5. A última função a ser definida é nossa função *tick*. Esta função é executada em cada tick, isto significa cada vez que um trade é executado no mercado. Portanto, um *tick* representa um trade.

6. Cada linha tem seu próprio número no script, portanto é fácil para você localizar qualquer erro. É importante notar que quando você estiver escrevendo, a primeira instrução será executada primeiro, depois a próxima, e assim por diante.

Botão Compile

O botão *Compile* executa seu script e verifica se há erros, se houver erros ele o avisará e você deve corrigi-los. Pressione o botão *Compile* para verificar se há erros, e verifique se seu algoritmo funciona. Sempre pressione o botão *Compile* enquanto programa seu algoritmo para verificar a existência de erros. Se você verificar erros no final, pode ser difícil consertar tantos erros de uma só vez. Abaixo do script, você terá uma nova caixa, se não houver erros, ela dará uma saída de 0 erros. Também mostra quanto tempo levou para executar o script por completo, na caixa mostra que levou 1407 milissegundos para executar este script vazio. Se você estiver negociando em alta frequência, é importante programar efetivamente para que você possa diminuir o tempo que leva para executar seu script.

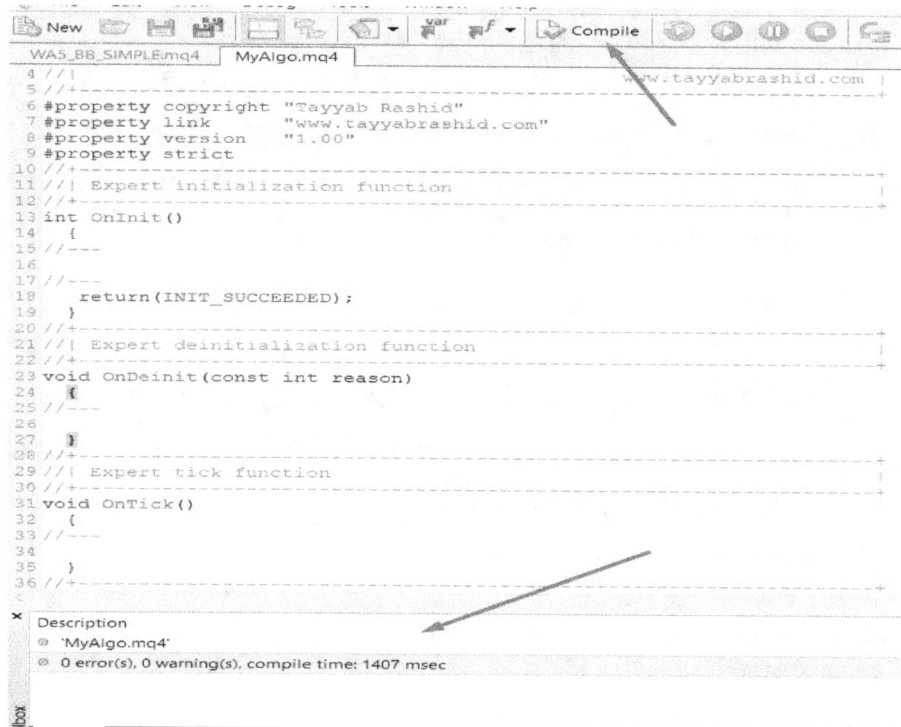

3-9 Na parte inferior, você receberá uma mensagem de erro se algo estiver errado com seu script.

CAPÍTULO 4:
Diagramas de Fluxo

O que é um Diagrama de Fluxo?

Quando você está codificando ou programando, você está escrevendo um programa que consiste em diferentes funções e você faz uma lógica onde as diferentes funções são executadas uma após a outra. Para entender a lógica de um script, às vezes é melhor usar digramas de fluxo, que usaremos no restante do livro.

Uma definição comum de um Diagrama de Fluxo:

*Um **diagrama de fluxo** é um tipo de <u>diagrama</u> que representa um <u>algoritmo</u>, <u>fluxo de trabalho</u> ou processo, mostrando os passos como caixas de vários tipos, e sua ordem, conectando-os com flechas. Esta representação esquemática ilustra um modelo de solução para um determinado problema. Os diagramas de fluxo são utilizados na análise, desenho, documentação ou gerenciamento de um processo ou programa em vários campos.*

Um script pode ser executado em tempo real em uma demonstração ou em uma conta real, então, você deve anexar seu algoritmo a um gráfico ou teste no testador de estratégias. Sob o desenvolvimento de um algoritmo, você pode usar o testador de estratégias com frequência e testar seu algoritmo, depois executá-lo em sua conta. Em nosso desenvolvimento, só usaremos o testador de estratégias para testar nosso script.

Objetos de um diagrama de fluxo

Formato	Nome	Descrição
→	Linha de fluxo	Uma seta que vem de um símbolo e termina em outro símbolo representa que o controle passa para o símbolo para o qual a seta aponta. A linha para a flecha pode ser sólida ou tracejada. O significado da seta com linha tracejada pode diferir de um diagrama de fluxo para outro e pode ser definido na legenda.
⬭	Terminal	Representado como círculos, ovais, estádios ou retângulos arredondados. Geralmente contêm a palavra "Início" ou "Fim", ou outra frase sinalizando o início ou o fim de um processo, como "enviar consulta" ou "receber produto".
▭	Processo	Representados como retângulos. Esta forma é usada para mostrar que algo é realizado. Exemplos:

		"Adicionar 1 a X", "substituir peça identificada", "salvar mudanças", etc.
◇	Decisão	Representado como um diamante (losango) mostrando onde uma decisão é necessária, geralmente uma pergunta Sim/Não ou um teste Verdadeiro/Falso. O símbolo de condicional é peculiar por ter duas setas saindo dele, geralmente do ponto inferior e do ponto direito, uma correspondente a Sim ou Verdadeiro, e outra correspondente a Não ou Falso. (As setas devem ser sempre rotuladas.) Mais de duas setas podem ser usadas, mas isto é normalmente um indicador claro de que uma decisão complexa está sendo tomada, e neste caso, pode ser necessário decompô-la ainda mais ou substituí-la

		pelo símbolo "processo pré-definido". A decisão também pode ajudar na filtragem de dados.
▱	Entrada/Saída	Representado como um paralelogramo. Envolve o recebimento de dados e a exibição dos dados processados. Só pode passar da entrada para a saída e não vice-versa. Exemplo: Obter X do usuário; exibir X.
▯	Predefinido	Representados como retângulos com bordas verticais de duas camadas; estes são usados para mostrar etapas complexas de processamento que podem ser detalhadas em um diagrama de fluxo separado. Exemplo: arquivos de processo. Uma sub-rotina pode ter múltiplos pontos de entrada ou saída distintos (veja corrotina). Se assim for, estes são mostrados como 'poços' rotulados no

		retângulo, e setas de controle conectam-se a estes 'poços'.
⬡	Preparação	Representado como um hexágono. Também pode ser chamado de iniciação. Mostra operações que não têm outro efeito além da preparação de um valor para uma etapa condicional ou de decisão subsequente. Alternativamente, esta forma é usada para substituir a Forma de Decisão no caso de looping condicional.
○	Conector na página	Geralmente representado com um círculo, mostrando onde os fluxos de controle múltiplos convergem em um único fluxo de saída. Terá mais de uma flecha entrando nele, mas apenas uma saindo. Em casos simples, pode-se simplesmente ter um ponto de seta para outra flecha. Estes são úteis para representar um processo iterativo (o que em Ciência

		da Computação é chamado de loop). Um loop pode, por exemplo, consistir de um conector onde o controle entra primeiro, etapas de processamento, um condicional com uma seta saindo do loop e outra voltando para o conector. Para maior clareza, onde quer que duas linhas se cruzem acidentalmente no desenho, uma delas pode ser desenhada com um pequeno semicírculo sobre a outra, mostrando que não se pretende uma conexão.

4-1 Explicação dos elementos em um diagrama de fluxo.

Diagrama de fluxo de um modelo de algoritmo simples

Começamos fazendo um fluxograma do modelo que criamos no último capítulo com as funções pré-definidas e vemos como as coisas funcionam.

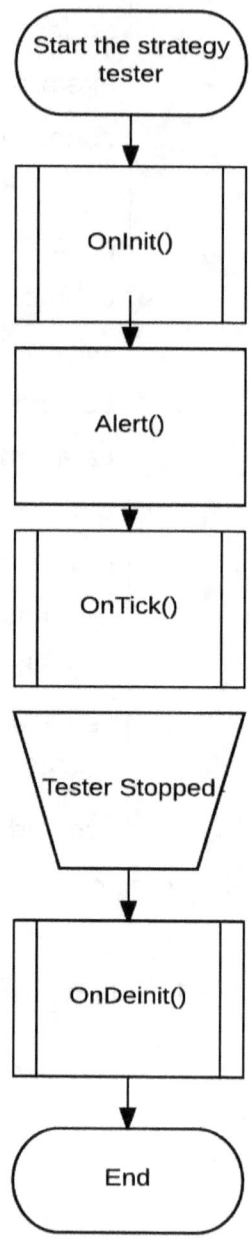

4-2 Diagrama de fluxo do modelo de algoritmo simples do último capítulo.

Explicação do Diagrama de Fluxo na ilustração 4-2

1. Começa clicando no testador de estratégias, pressionando o botão em sua plataforma.

2. Em seguida, ele executa tudo o que está escrito na função OnInit(), ele só executará uma vez.

3. Quando a função de inicialização é concluída, ela também é concluída com tudo na função OnInit(). Em seguida, ela chama a função OnTick() que funciona toda vez que um novo tick ocorre, quando uma nova operação nesse instrumento foi feita. Ele continuará executando esta função até que o testador de estratégia seja finalizado (seja manualmente por nós ou tenha sido executado através de todos os períodos de amostra).

4. Você pode parar o testador de estratégias manualmente pressionando o botão de parada, ou quando a execução estiver concluída pelo período de tempo, isto a interromperá automaticamente. Observe a forma do objeto do fluxograma, esta é a forma das operações manuais. Portanto, quando este evento acontecer, ele parará de executar o script e executará a próxima operação.

5. Quando tivermos parado o testador de estratégias, tudo na função OnDeinit() será executado. Chegamos ao fim do algoritmo e nosso script está finalizado.

Até agora você já deve entender o fluxo das funções pré-definidas em nosso crânio. Ele começa do topo do diagrama de fluxo e executa tudo. Após terminar de executar tudo em uma função, ele passa o controle para a próxima operação em nosso diagrama de fluxo.

Exercício

Tente excluir a função OnDeinit() do script e depois compilar. Tem algum impacto no erro? Você recebeu algum erro que tenha que incluir nessa função?

CAPÍTULO 5:
Introduzindo Funções

O que é uma função?

A programação é sobre você desenvolver diferentes funções; você tem entrada na função e você quer que ela faça algo. Você pode obter um resultado da função ou pode simplesmente usá-la para fazer algo como realizar uma negociação.

Uma função de saída se assemelha a isto:

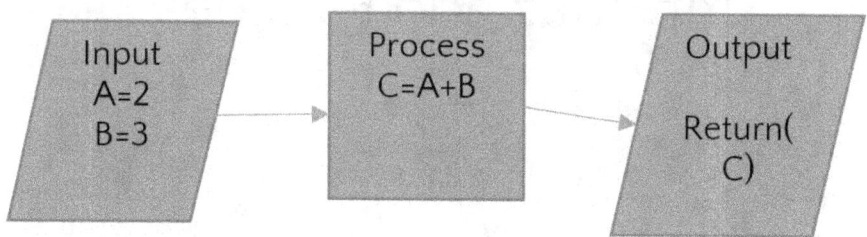

5-1 Ilustração de uma função que tem uma saída.

Você tem variáveis de entrada e atribui um valor a elas. No processo, você adiciona ambos os valores de entrada e obtém uma nova variável C que detém o valor agregado, que é a saída desta função. Quando você executar esta função, ela retornará a variável C, que neste caso detém um valor de 5.

Uma função sem saída se assemelha a isto:

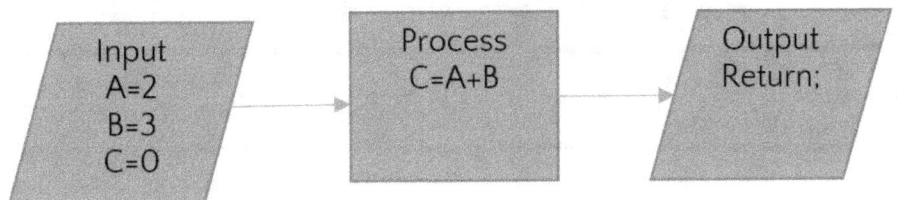

5-1 Ilustração de uma função que não tem saída.

Este é o outro tipo de função, aqui você tem três variáveis como entradas A, B e C. Elas têm valores atribuídos a elas 2,3 e 0. Também neste temos um processo que é adicionar A+B e atribuir este valor agregado à variável C. Quando o processo terminar, C manterá o valor de 5 (A+B = 2+3) e a função não retornará nada, e ambas são chamadas funções. Ela apenas dá um novo valor à nossa variável C e não retorna nada.

Definindo variáveis de entrada

Você pode usar palavras e números na função. Você deve sempre começar por definir que tipo de variável é, nomear a variável e depois atribuir o valor que você deseja usar em sua função.

Digamos que você queira fazer uma função que soma 2+3 e nós obtemos uma resposta. Se apenas escrevermos 2+3= isto está incorreto, você receberá uma mensagem de erro e ela não será executada.

Você começa definindo suas variáveis de entrada. Números inteiros como 2 e 3 são do tipo de variável *integer (int)*.

Você escreve estas variáveis de entrada desta forma:

```
int A=2;
int B=3;
int C=0;
```

5-3

Todas as três são variáveis do tipo *integer*, portanto começam com a palavra *int*, um espaço, e então escrevemos nossa variável. Queremos nomear esse valor, nosso valor 2 se chama A. Então, no processo, quando você quer usar o número 2, você o usa escrevendo nomes de variáveis como C=A+B.

Você também deve observar o ponto-e-vírgula no final de cada variável. A atribuição de valor a cada uma das variáveis é uma operação separada, e terminamos cada uma das operações com um ponto-e-vírgula. Acima, temos três operações, quando o programa está lendo nosso script após o ponto-e-vírgula, ele sabe que uma operação está terminada. Ele atribui seu valor e vai para a próxima operação, atribuindo valor à próxima variável. *Usaremos um ponto-e-vírgula toda vez que uma operação for terminada.* É como um ponto final em uma frase.

Diferentes tipos de variáveis no MQL4

Integer: Esta variável é um número inteiro, ou seja 1,2,3,4

Exemplo:

```
int ShortMA=20;
int LongMA=100;
```
5-4

Declaramos variáveis que podem ser variáveis de entrada para diferentes períodos de média móvel em uma função de média móvel. Observe novamente o ponto-e-vírgula.

Double: Esta é uma variável que é um número com uma casa decimal 1.02, 0.02 (devem ser separados por pontos), etc.

Exemplo:

```
double Stoploss=0.0020;
```
5-5

String: É um tipo de texto e deve ser sempre escrito com aspas como "Hedge", "Martingale" ou "EURUSD".

Exemplo:

```
string word="helloword";
```
5-6

Bool: Esta é uma variável que pode ter valor VERDADEIRO ou FALSO, é do tipo Boolean.

Exemplo:

```
bool yes=TRUE;
```
5-7

Exercício:

Defina que tipo de variável é:

John, 1.2, 50, 100, e Seu Sistema de Trade

Tipos de uma função

Os tipos de funções são decididos pelo resultado que se deseja delas. Podemos começar dividindo as funções em dois grupos principais, com base no fato de retornarem ou não um resultado.

<u>Tipo de saída de funções</u>

Integer: O mesmo que variável de entrada, se você estiver fazendo uma função onde a saída é um *integer* (número inteiro), este é o tipo de sua função.

Double: O mesmo que variável de entrada *double*, se sua saída vai ter decimais, você precisa deste tipo de função.

String: O mesmo que variável de entrada *string*, se sua saída vai ser do tipo texto, este é o tipo de sua função.

Boolean: O mesmo que a variável de entrada *Boolean*, se sua saída vai declarar falso ou verdadeiro, é do tipo *Boolean*.

O que todos eles têm em comum é que eles retornam algo de volta.

Tipo de função sem saída

Existe apenas um tipo e é chamado de **void**. Esta é uma função que só executa o que está na função, mas não dá saída, não retorna nada. Na maioria das vezes é usada para calcular outra variável à qual definimos, mas não atribuímos um valor até o momento, ou para executar outra função.

Objetos de uma função

```
functiontype FunctionName()
{
return;
}
```
5-9

A figura 5-9 mostra os objetos de uma função.

Functiontype: Que pode ser int, double, string ou bool, se for função de saída, ou void, se for função sem saída.

FunctionName: Aqui você escreverá o nome de sua função seguido por um parêntese de abertura e fechamento (). Também observe que terminamos uma linha, mas desta vez não estamos terminando a linha com ponto-e-vírgula, isto é, porque ainda não terminamos este processo. Como uma linha sozinha, este tipo de função e nome da função não faz sentido.

Abertura e Fechamento de chaves: Toda a função deve estar na linha depois de definir o tipo e dar o nome terminando com parênteses. A próxima linha deve ser abrir chaves { que sinalizam o início da função. Tudo o que você escrever após o colchete, as seguintes linhas serão executadas quando você chamar esta função. Fechamos a função com uma chave de fechamento } para definir o fim da função, <u>mas antes do final temos que escrever return;</u> se for do tipo *void* e *return (o que queremos retornar)* se for uma função de saída.

Tarefa 1: Faça uma função onde você tenha três variáveis de entrada A, B e C.

A=3

B=4

C=0

Onde a função somará A+B e atribuirá o valor a C, então C deverá ser a variável de entrada. A nomeie MyFunction.

```
int MyFunction()
{
    int A= ;
    int B= ;
    int C= ;

    C=A+B;
    return(C);
}
```

5-10

Acima, você pode ver uma função de saída, já que temos uma integer como tipo de saída, que é um número inteiro, o tipo de função é int. Em seguida, damos-lhe o nome MyFunction(), e definimos uma chave de abertura. Então definimos todas as variáveis que vamos usar, elas são do tipo integer, terminamos com ponto-e-vírgula. Depois de dar a C o valor somado, retornamos C, o que significa que sempre que chamamos a função por escrito: MyFunction(); é igual ao valor 7, que é o valor de retorno.

Tarefa 2: Faça uma função onde você tenha três variáveis de entrada A, B e C.

A=3

B=4

C=0

Onde a função irá somar A+B e atribuir o valor a C, então use a função Print para imprimir C e a nomeie como MyFunction.

```
void MyFunction()
{
    int A= ;
    int B= ;
    int C= ;

    C=A+B;
    Print(C);
}
```
5-11

Temos a mesma operação nesta função, mas a diferença é o tipo, o objetivo da função, ela não retornará nada. Ela apenas imprimirá o valor de C no Terminal Journal. Quando você chama MyFunction(); agora ele não retornará nada.

Alertas "Hello World"

Vamos brincar um pouco com isso para que possamos entender como funcionam as funções e executar nosso algoritmo pela primeira vez. Vamos escrever uma operação.

Alert("Hello World");

Alert() é uma função no MetaTrader.

"Hello Word" é a frase que queremos exibir, a frase deve ser escrita com aspas. No final da operação, indicamos que esta operação terminou e encerramos a declaração com ponto-e-vírgula ";". Vamos ver o arquivo de ajuda para essa função. *Selecione "Alert" e pressione F1.*

Alert

Displays a message in a separate window.

```
void Alert(
   argument,       // first value
   ...             // other values
   );
```

Esta função exibe a mensagem em uma janela separada.

Portanto, escrevemos esta função primeiro na função OnInit() e pressionamos Compile.

Assim:

```
4 //|
5 //+------------------------------------------------------------------+
6 #property copyright "Tayyab Rashid"
7 #property link      "www.tayyabrashid.com"
8 #property version   "1.00"
9 #property strict
10 //+------------------------------------------------------------------+
11 //| Expert initialization function                                   |
12 //+------------------------------------------------------------------+
13 int OnInit()
14   {
15 //---
16    Alert("Hello world!");
17 //---
18    return(INIT_SUCCEEDED);
19   }
20 //+------------------------------------------------------------------+
21 //| Expert deinitialization function                                 |
22 //+------------------------------------------------------------------+
23 void OnDeinit(const int reason)
24   {
25 //---
26
27   }
28 //+------------------------------------------------------------------+
29 //| Expert tick function                                             |
30 //+------------------------------------------------------------------+
31 void OnTick()
32   {
33 //---
34
35   }
36 //+------------------------------------------------------------------+
```

Depois de pressionarmos Compile e não recebemos erros. Depois vamos ao nosso MetaTrader e tentamos executar o script.

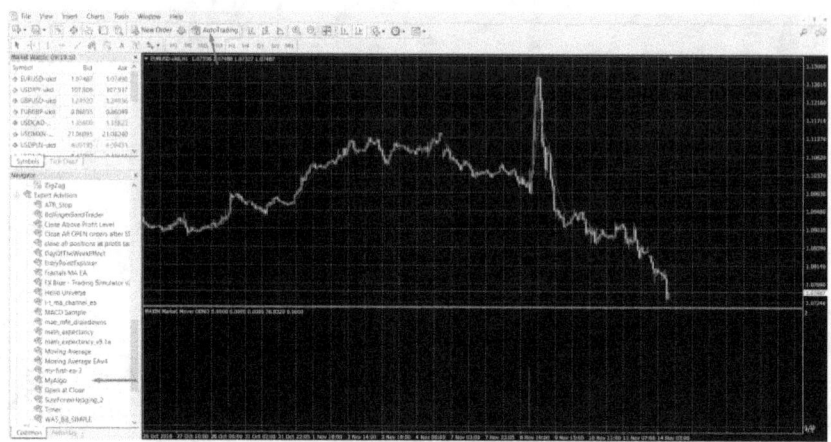

5-12 Vá até o terminal ativar o AutoTrading e arraste e solte o MyAlgo em sua tabela.

Devemos primeiro permitir a negociação automática e depois ir até a janela do nosso navegador à esquerda e arrastar "MyAlgo" e soltar no gráfico.

A próxima janela irá aparecer, basta clicar em "OK".

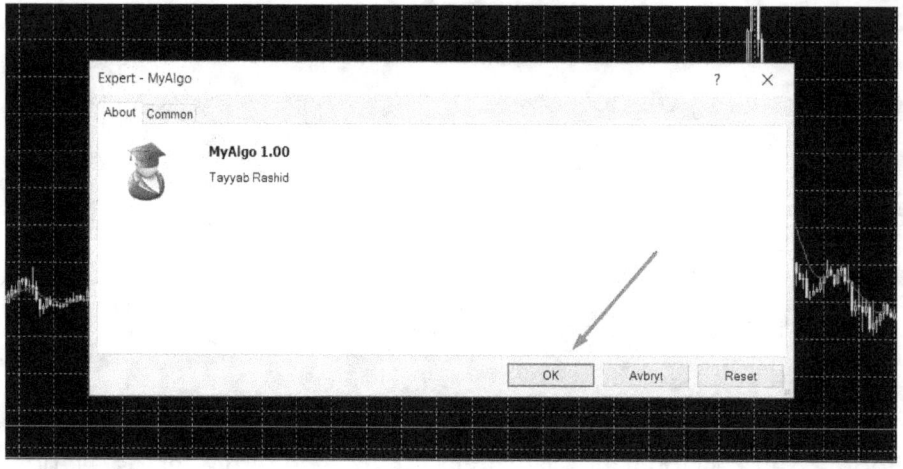

5-12 Apenas clique em OK.

Agora o algoritmo está rodando neste gráfico e no cronograma. Logo após, você receberá o alerta, é porque tivemos a função Alert() na função Initialization(OnInit()) e isto é executado uma vez no início de seu algoritmo.

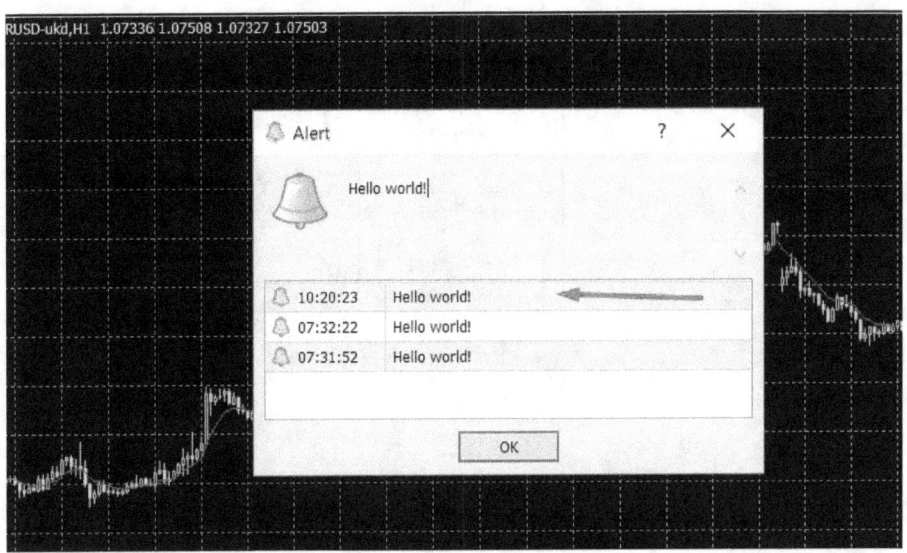

5-13 *É assim que o Alerta será exibido em seu terminal.*

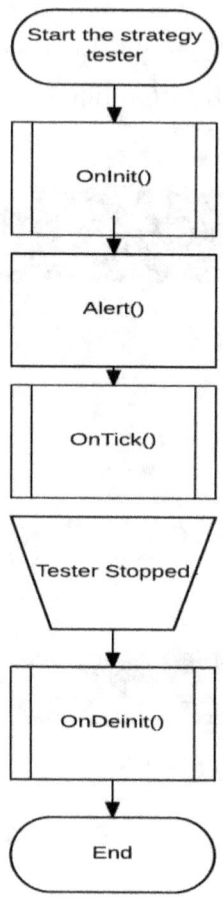

5-14 Diagrama de fluxo quando temos a função Alert() no OnInit()

Você vê como os fluxos progridem, após o início, ele chama a função OnInit(), que chama a função Alert(). Após executar a função Alert(), ela passa então o controle para a função OnTick().

Vamos fazer uma experiência, agora coloque a função Alert() na função de Desinicialização, depois compile e solte novamente no gráfico.

Primeiro, devemos remover o Algoritmo do gráfico. Clique com o botão direito sobre o gráfico e abra o menu suspenso. Clique em Expert Advisor - Remove

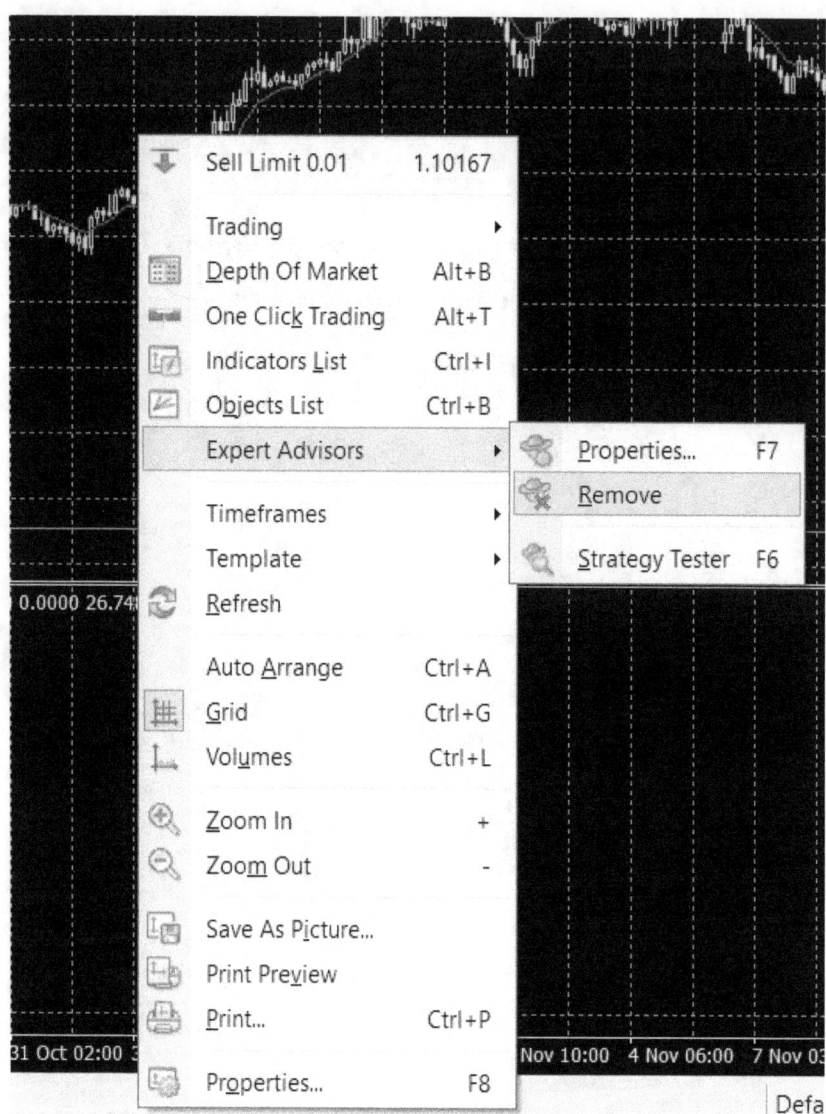

5-15 Como você remove seu algoritmo do gráfico ou para pará-lo.

```
WA5_BB_SIMPLE.mq4 | MyAlgo.mq4
 4 //|                                    www.tayyabrashid.com |
 5 //+----------------------------------------------------------+
 6 #property copyright "Tayyab Rashid"
 7 #property link      "www.tayyabrashid.com"
 8 #property version   "1.00"
 9 #property strict
10 //+----------------------------------------------------------+
11 //| Expert initialization function                           |
12 //+----------------------------------------------------------+
13 int OnInit()
14   {
15 //---
16
17 //---
18    return(INIT_SUCCEEDED);
19   }
20 //+----------------------------------------------------------+
21 //| Expert deinitialization function                         |
22 //+----------------------------------------------------------+
23 void OnDeinit(const int reason)
24   {
25 //---
26    Alert("Hello world!");
27   }
28 //+----------------------------------------------------------+
29 //| Expert tick function                                     |
30 //+----------------------------------------------------------+
31 void OnTick()
32   {
33 //---
34
35   }
36 //+----------------------------------------------------------+
```

5-16 Se colocarmos a função Alert() na função OnDeinit().

Aqui, mudamos nossa função de OnInit() para OnDeinit(). Novamente, arrastamos e soltamos, nada acontecerá, mas se você agora tentar remover seu algoritmo de sua tabela, o Alerta surgirá. Porque todas as funções no OnDeinit executarão a função quando pararmos nosso algoritmo. Veja o diagrama 5-17.

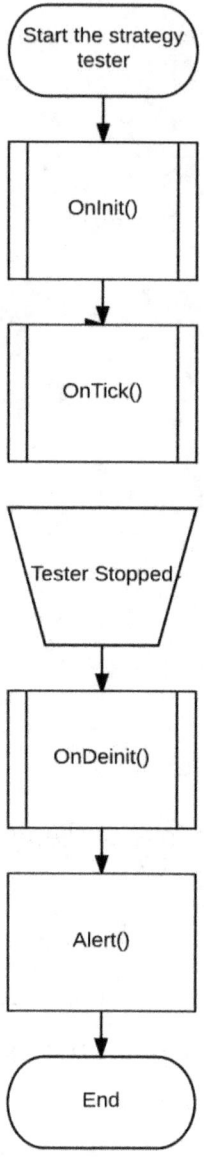

5-17 Diagrama de fluxo se você colocar a função Alert() na função OnDeinit().

Vamos colocar nossa função de Alerta na função OnTick(), esta executa a função em cada tick. Você receberá mensagens o tempo todo, até que pare o testador ou remova o algoritmo do gráfico.

```
   WA5_BB_SIMPLE.mq4    MyAlgo.mq4
 7 #property link       "www.tayyabrashid.com"
 8 #property version    "1.00"
 9 #property strict
10 //+------------------------------------------------+
11 //| Expert initialization function                 |
12 //+------------------------------------------------+
13 int OnInit()
14   {
15 //---
16
17 //---
18    return(INIT_SUCCEEDED);
19   }
20 //+------------------------------------------------+
21 //| Expert deinitialization function               |
22 //+------------------------------------------------+
23 void OnDeinit(const int reason)
24   {
25 //---
26
27   }
28 //+------------------------------------------------+
29 //| Expert tick function                           |
30 //+------------------------------------------------+
31 void OnTick()
32   {
33 //---
34    Alert("Hello world!");
35   }
36 //+------------------------------------------------+
```

5-20 É assim que vamos colocar a função Alert() na função OnTick(). Chamamos uma função nomeando a função com parênteses, uma entrada e terminando-a com ponto-e-vírgula.

A função tick chamará a função Alert() em cada tick, toda vez que uma nova operação tiver acontecido.

Após compilar seu algoritmo, você arrasta seu algoritmo da janela do navegador e solta-o no gráfico novamente. Agora você verá que a função Alert() é chamada com frequência em cada tick em sua tela.

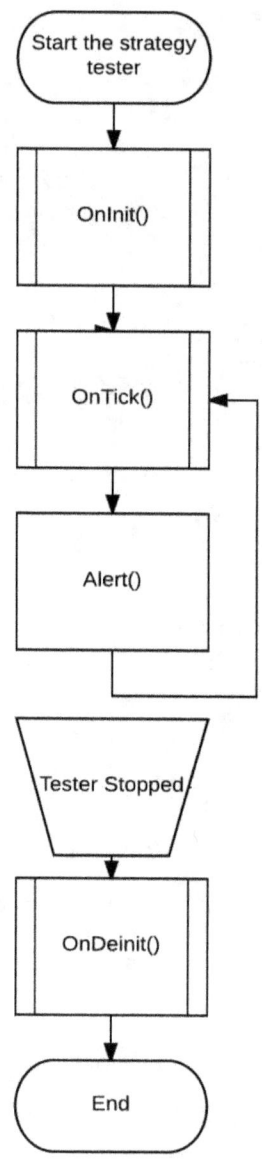

5-19 Diagrama de fluxo quando você coloca a função Alert() na função OnTick().

O que você deve saber agora.
- Como começar a escrever um script – Novo Algoritmo
- Funções OnInit(), OnDeinit() e OnTick()
- Como compilar seu Algoritmo
- Como executar seu Algoritmo
- Como parar seu Algoritmo sendo executado
- Como exibir um Alerta

Declare diferentes variáveis de entrada

Há dois lugares. Um dos lugares é chamado de área global, as variáveis aqui declaradas podem ser usadas em qualquer uma das outras funções, e esta área está acima de todas as funções, acima da função OnInit() também.

```
WA5_BB_SIMPLE.mq4   MyAlgo.mq4 *
 7 #property link      "www.tayyabrashid.com"
 8 #property version   "1.00"
 9 #property strict
10
11 int ShortMA=20;
12 int LongMA=100;     1
13 Int LongMA=100
14
15 double TakeProfit=0.0040;
16 double StopLoss=0.0020;    2
17 Double Stoploss=0.0020;
18
19 string Word="HelloWord";
20                              3
21 extern int ShortMA2=20;
22                          4
23 //+------------------------------------------------+
24 //| Expert initialization function                 |
25 //+------------------------------------------------+
26 int OnInit()
27   {
28 //---
29
30 //---
31    return(INIT_SUCCEEDED);
32   }
33 //+------------------------------------------------+
34 //| Expert deinitialization function               |
35 //+------------------------------------------------+
36 void OnDeinit(const int reason)
37   {
38 //---
39
```

5-20 Como declaramos as variáveis de entrada na área global.

Para declarar uma variável integer (número inteiro), usamos *int*, é importante observar que esta linguagem de programação é sensível a letras maiúsculas e minúsculas, portanto, se você escrever *INT* ou *Int*, receberá uma mensagem de erro. Você vê que quando escrevemos int da maneira correta, obtemos essa palavra em azul, mas quando escrevemos Int, obtemos essa palavra em preto, o que é incorreto. Em seguida, que é importante, você vê na linha 13 que não temos um ponto-e-vírgula após a declaração, isto significa que não fechamos esta declaração, então é outro erro.

Portanto, quatro conclusões a partir disto:

1. int=este é um tipo de variável integer;
2. O nome da variável é ShortMA;
3. O valor atribuído a esta variável é 20;
4. Encerramos cada declaração individual com um ponto-e-vírgula (;).

1. Usamos *double* para dizer que tipo de variável é esta, esta é uma variável com um valor numérico que inclui decimais, e atribuímos um valor a ela.

2. Usamos *string* para dizer que tipo de variável é, o nome da variável é uma *palavra*, depois atribuímos "HelloWorld" como valor, *lembramos* as aspas e adicionamos e fechamos esta operação ou declaração com ponto-e-vírgula.

3. Todas estas variáveis são declaradas acima de todas as outras funções, isto é fundamental porque então podemos utilizá-las em todas as funções abaixo. Este programa executa a primeira declaração primeiro e depois abaixo. Portanto, se você tiver uma função na linha 5, mas a variável usada na função estiver na linha 15, então esta função não terá uma variável para usar porque não está declarada. *Todas estas variáveis são declaradas fora de qualquer função, isto significa que todas elas podem ser usadas em qualquer função abaixo, mas se declaramos uma variável*

dentro de uma função, só podemos usar essa variável naquela função em particular.

Por último, na figura acima, você pode ver que a última variável tem uma escrita externa na frente dela. Isto porque agora podemos modificar esta variável quando estamos testando a estratégia (rodando este algoritmo) e podemos otimizá-la.

No script acima, se você apagar as linhas 13 e 17 e depois compilar, você não receberá erros e poderá executar seu script. Em seguida, arraste e solte este algoritmo em qualquer gráfico e você receberá uma caixa, clique no painel chamado *input*, você verá que somente a variável onde temos *extern* antes dela pode ser alterada. Portanto, se você usa uma variável que você quer que seja modificável, você simplesmente precisa escrever *extern* antes dela.

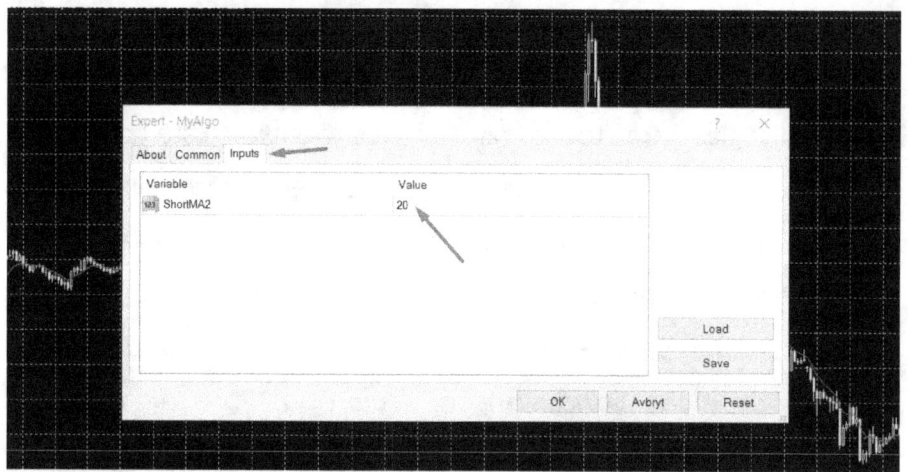

5-21 Caixa de input quando você usa variáveis extern.

A figura 5-21 ilustra como usamos variáveis locais, essas variáveis são declaradas dentro da função e só podem ser usadas por esta função.

```
void MyFunction()
{
    int A= ;
    int B= ;
    int C= ;

    C=A+B;
    Print(C);
}
```

5-21 Isto mostra como as variáveis de entrada aparecem na área local.

Usamos a *variável global* quando queremos modificar a variável de entrada mais tarde, quando estamos executando a estratégia ou otimizando-a. Ela pode ser usada na área global quando há várias funções usando a mesma variável de entrada. Talvez você tenha projetado uma função onde você atribui valor a uma variável usando a função um, e então uma variável com um valor atribuído pela função um é usada pela função dois.

O que você deve saber a partir desta sessão:
- Diferentes tipos de variáveis utilizadas, string, integer e double;
- Como declarar uma variável;
- Como terminar uma declaração ou operação;

- Que esta linguagem de programação é sensível a maiúsculas e minúsculas e é necessário utilizar a letra certa;
- Onde no script as variáveis devem ser declaradas;
- Como declarar variáveis modificáveis.

CAPÍTULO 6:
Função NewOrder()

Descrição da função

Vamos fazer uma função chamada NewOrder() que será uma função do tipo void e não retorna nada. Lembre-se de que para void, temos que escrevê-lo em letras minúsculas.

Criando a função

```
void NewOrder()
{
return;
}
```

6-1 Começamos escrevendo void, nome da função, abrindo e fechando parênteses.

Este é o início da escrita da função, ainda não escrevemos nada nela, é um crânio vazio. É a abertura e o fechamento da função. *O tipo é void porque esta função não retorna nada*, o nome é NewOrder seguido por parênteses de abertura e fechamento. Na linha seguinte, temos chaves de abertura e depois escrevemos *return;* antes da chave de fechamento da função.

```
WA5_BB_SIMPLE.mq4  |  MyAlgo.mq4 *
12 //| Expert initialization function                                      |
13 //+----------------------------------------------------------------+
14 int OnInit()
15   {
16 //---
17
18 //---
19    return(INIT_SUCCEEDED);
20   }
21 //+----------------------------------------------------------------+
22 //| Expert deinitialization function                                    |
23 //+----------------------------------------------------------------+
24 void OnDeinit(const int reason)
25   {
26 //---
27
28   }
29 //+----------------------------------------------------------------+
30 //| Expert tick function                                                |
31 //+----------------------------------------------------------------+
32 void OnTick()
33   {
34 //---
35
36   }
37 //+----------------------------------------------------------------+
38 //+----------------------------------------------------------------+
39 //|Our own New order send function                                      |
40 //+----------------------------------------------------------------+
41 void NewOrder()
42 {
43 return;
44 }
```

6-3 A nova função está abaixo de todas as outras funções, as funções pré-definidas.

É importante saber que todas as funções que construímos serão escritas abaixo de nossas funções pré-definidas no script.

Faremos agora uma função que tem as seguintes variáveis de entrada na área global:

extern double TakeProfit=0.0050

extern double StopLoss=0.0025

extern double LotSize=0.01

Todas elas têm extern, o que significa que podem ser modificadas quando estivermos executando esta estratégia ou no testador de estratégias.

OrderSend()

Trata-se de uma função do tipo integer. Que retorna um valor de 1 se a ordem de mercado tiver sido aberta e um valor negativo se a ordem de mercado não tiver sido aberta com sucesso.

int Result=OrderSend(); *Temos uma variável de armazenamento chamada Result, que armazenará o valor que esta função está retornando.*

A função OrderSend() tem algumas variáveis de entrada, que você separou por vírgula.
1. Símbolo, este nós escreveremos como Symbol() porque esta função retornará o símbolo do gráfico no qual este algoritmo está rodando.

2. Tipo de pedido, temos 6 tipos diferentes de pedidos
    a. OP_BUY= Ordem de compra no mercado
    b. OP_SELL=Ordem de venda no mercado
    c. OP_BUYLIMIT=Ordem de compra limite
    d. OP_BUYSTOP =Ordem de compra de parada
    e. OP_SELLLIMIT=Ordem de venda limite

f. OP_SELLSTOP=Ordem de venda de parada

3. Quantidade ou tamanho do lote, uma vez que podemos escrever lotes diretamente aqui ou ter uma variável à qual atribuímos um tamanho do lote e escrevê-la em seu lugar.

4. O preço pode ser de compra ou venda. Como queremos comprar, usamos o preço de compra atual. Nunca teremos nosso pedido preenchido ao preço de venda se quisermos comprar. Basta tentar usar o de venda e você não terá nenhuma negociação preenchida se estiver comprando.

5. Slippage, quanto slippage permitimos, ou seja, qual pode ser a diferença entre o preço que vemos como de compra e o preço real que recebemos por nossa ordem. Vamos definir para 3 pips.

6. Stop-loss, se o definirmos como 0, não teremos stop-loss algum. Podemos ou definir um valor diretamente neste campo ou atribuir um valor a uma variável e escrever a variável em seu lugar. Já atribuímos um valor à nossa variável StopLoss, então usaremos isso em seu lugar. Como esta é uma ordem de compra, temos que subtrair o stop-loss do preço de compra, e esse nível de preço será nosso stop-loss.

7. O mesmo que stop-loss, usaremos uma variável de take-profit. Mas com ordens de compra, devemos adicionar o

take-profit ao preço de venda, para obter nosso nível de take-profit.

8. Comente, se quisermos que qualquer comentário seja exibido, escrevemos como uma string, com aspas ou NULL se não quisermos nenhum comentário. Usamos NULL aqui.

9. Número mágico: Nós usamos 1234. Isto não é nada de especial, mas você pode ter um número mágico diferente se estiver executando vários algoritmos no mesmo par de moedas.

10. Esta variável é o tempo de expiração, quando você deseja que esta ordem seja cancelada, se você defini-la como 0, ela nunca será cancelada. Esta variável é em segundos.

11. Seta, se você quiser marcar qualquer seta no gráfico quando esta negociação executar, você a escreve aqui, mas não queremos, então escrevemos apenas clrNONE.

Neste momento, você já deve ter terminado sua função OrderSend() e fechado com um parênteses de fechamento e ponto-e-vírgula, você deve ter esta função:

```
void NewOrder()
{
    int
Result=OrderSend(Symbol(),OP_BUY,LotSize,Bid, ,StopLoss,TakeProfit,NULL, , ,clrNONE);
return;
}
```

6-4 Nossa primeira função NewOrder() está concluída.

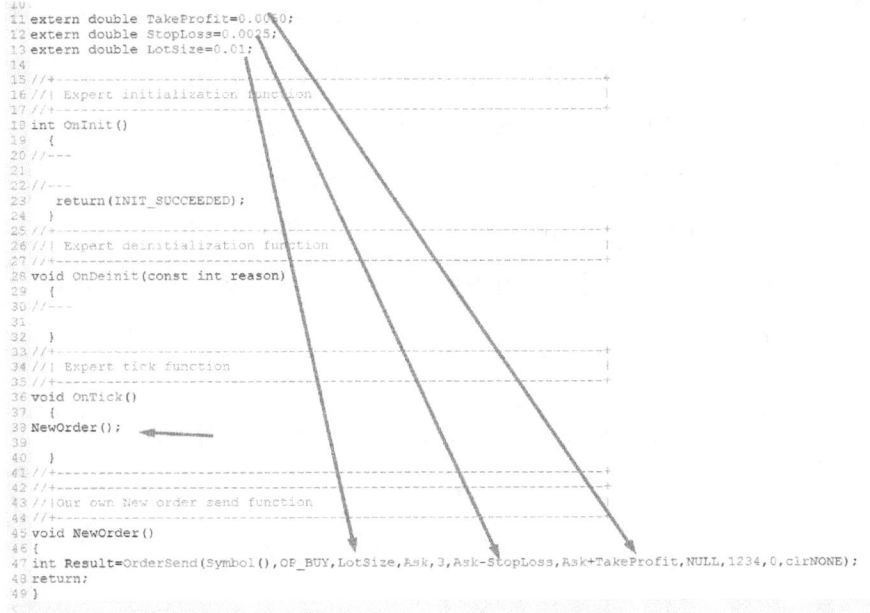

6-5 As variáveis de entrada externa estão na área global antes de todas as funções, mesmo as predefinidas.

Você vê que todas as variáveis são declaradas no início, a função está abaixo de todas as três funções pré-definidas.

As variáveis são definidas acima de todas as funções e são utilizadas na função. Usamos o nome das variáveis ao invés dos próprios valores em nossa função. A função OrderSend() termina com ponto-e-vírgula porque esta operação está terminada, então como fechamos a função inteira com return;. Você pode ver que chamamos a função NewOrder(), que chama OrderSend() com todos os nossos parâmetros de entrada.

Agora você só tem que chamar esta função NewOrder(), isto é feito escrevendo NewOrder() em nossa função tick. Porque toda vez que um novo tick chegar, tudo o que estiver escrito na função tick será executado. Vamos colocar esta nova função aqui, lembre-se que estas funções também precisam terminar com ponto-e-vírgula para fechar esta operação. Veja a linha 38. Você chama uma função escrevendo o nome da função com parênteses de abertura e fechamento seguidos de ponto-e-vírgula. Como mostrado na figura seguinte:

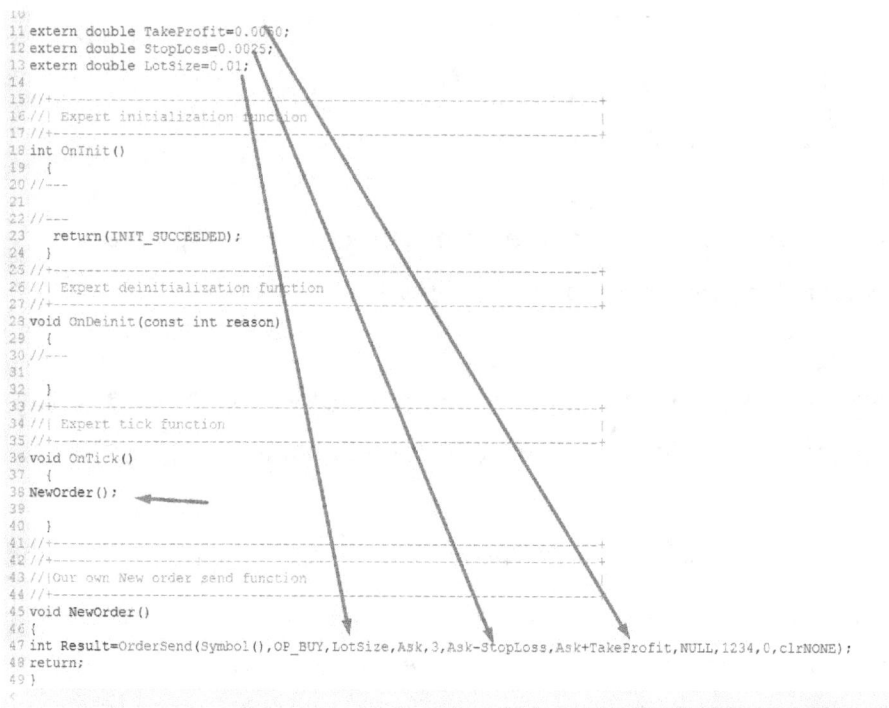

6-6 Como nossa função NewOrder() é utilizada na função tick.

Agora você pode compilar este arquivo.

Pressione F4 – para abrir a plataforma

Pressione Ctrl+R – para abrir o testador de estratégias

Agora escolha o arquivo MyAlgo, execute em EURUSD, em Tickdata e no prazo que você quiser.

Como você está executando a função NewOrder() na função Tick(), ela irá colocar uma nova ordem em cada tick, portanto serão muitas ordens. Você pode ver no diagrama de fluxo abaixo que, após ter feito um pedido, ele dá novamente o controle à função OnTick() que chama a função NewOrder() até que o testador tenha parado. Parabéns! Agora você já executou seu primeiro script.

O que você deve saber:

- Como desenvolver uma função;
- Como executar no testador de estratégias.

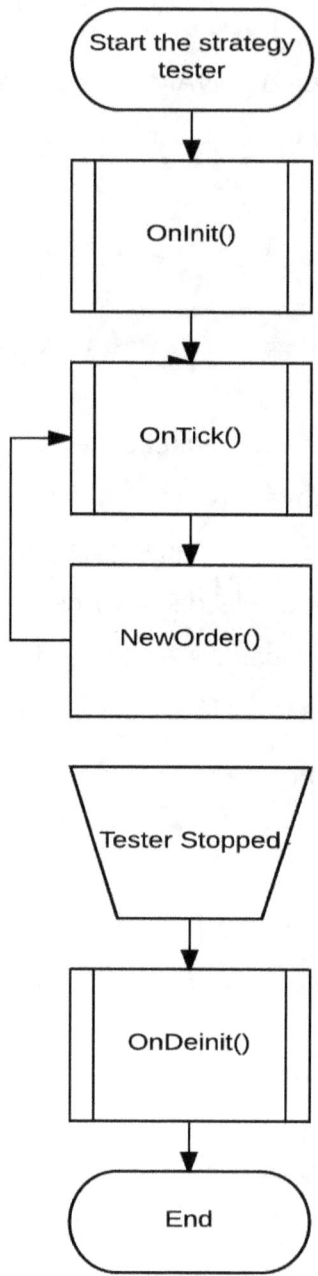

6-7 Diagrama de fluxo com função NewOrder().

CAPÍTULO 7:
Função IsNewBar

O problema com a função anterior é que ela envia novas ordens em cada tick, então vamos fazer uma função que verifica se um novo tick também representa uma nova barra ou se este tick pertence à mesma barra que o anterior. Precisamos verificar isto porque só queremos executar nossa estratégia uma vez em cada barra.

Descrição da função

Projetaremos uma função Boolean que retornará verdadeiro se houver uma vela nova no gráfico e retornará falso se não houver uma vela nova. Ela verificará isto em cada tick usado na função tick antes da função NewOrder().

Descrição da função: Esta função será verificada em cada tick e em cada tick esta função retornará VERDADEIRO se for uma vela nova e FALSO se for a mesma vela.

Nome da função: IsNewCandle()

```
bool IsNewCandle()
{
   static int BarsOnChart=0;
   if(Bars==BarsOnChart)
   return(false);
   BarsOnChart = Bars;
   return(true);
}
```
7-1 Esta é a função completa IsNewCandle().

Faremos um diagrama de fluxo que explica esta função.

1. Começamos por escrever o tipo, que é bool (porque retornará falso/verdadeiro) e o nome da função que é IsNewCandle(), depois um parêntese de abertura e fechamento.

2. Declaramos uma variável estática no BarOnChart=0; que armazena o número de barras no gráfico. Esta variável será estática, o que significa que quando esta função for executada em cada tick, ela armazenará o número de barras. Isto é para garantir que na próxima vez que executarmos esta função, compararemos o número de barras no gráfico com a última vez que a executamos.

3. Usamos uma *declaração if* que é uma declaração para a tomada de decisões. Perguntamos se as barras na tabela deste tick em particular são as mesmas da última vez, nós armazenamos o número de barras. Como mencionado, fazemos isso usando uma *declaração if* e um sinal de igual (==). Usando a função *Bars*, isto retorna o número de barras desde que começamos a executar este algoritmo.

4. Independentemente de ser verdadeiro ou falso, atribuímos o número de barras à nossa variável BarsOnChart.

5. Se as barras no gráfico mudaram, a resposta do "if" é "não", voltamos a retornaremos "true".

6. Se as barras no gráfico não mudaram, a declaração if é respondida com "não", esta função retorna "false".

Até recebermos um tick que faz parte de uma nova vela, esta função retornará *false*. Se você estiver com uma hora de duração e esta vela fizer parte de uma nova hora, ela retornará *true*.

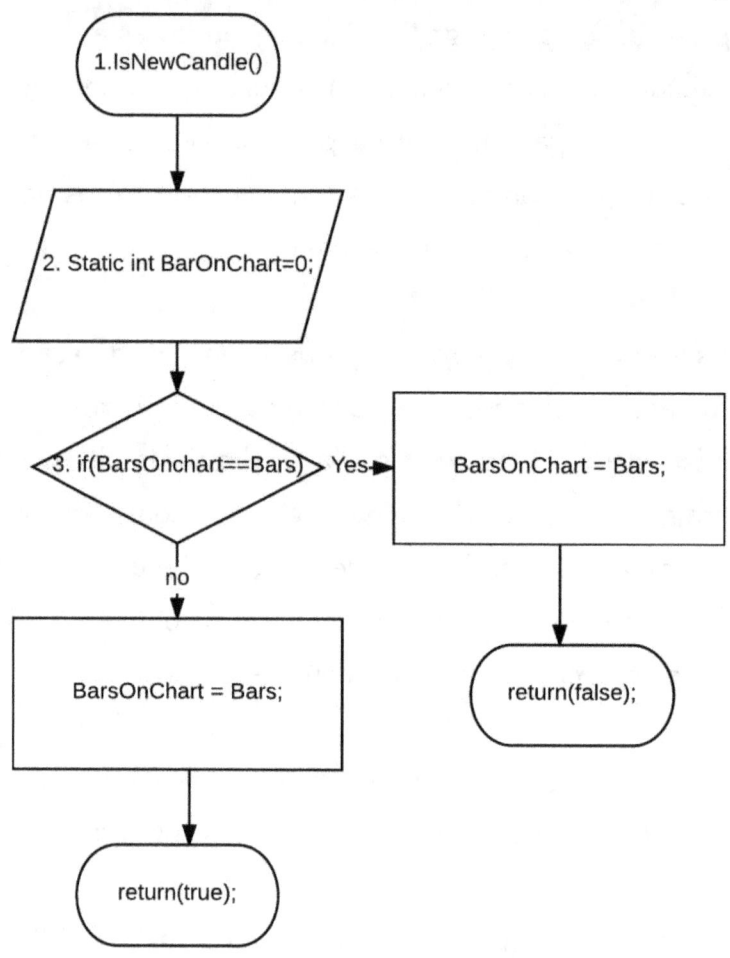

7-2 diagrama de fluxo da função IsNewCandle().

```
//+------------------------------------------------+
//|Our own New order send function                 |
//+------------------------------------------------+
void NewOrder()
{
int Result=OrderSend(Symbol(),OP_BUY,LotSize,Ask,3,Ask-StopLoss,Ask+TakeProfit,NULL,1234,0,clrNONE);
return;
}

bool IsNewCandle()
{
    static int BarsOnChart=0;
    if(Bars==BarsOnChart)
    return(false);
    BarsOnChart = Bars;
    return(true);
}
```

7-3 Aqui, você pode ver nossa última função abaixo de nossa função anterior no script.

Como usar a função IsNewCandle()

O objetivo desta nova função de vela é negociar somente uma vez por vela, isto significa que colocaremos nossa função NewOrder() dentro dos parênteses da declaração if(IsNewCandle).

7-4 Você pode ver como mudamos o fluxo da função OnTick, nós o reorganizamos.

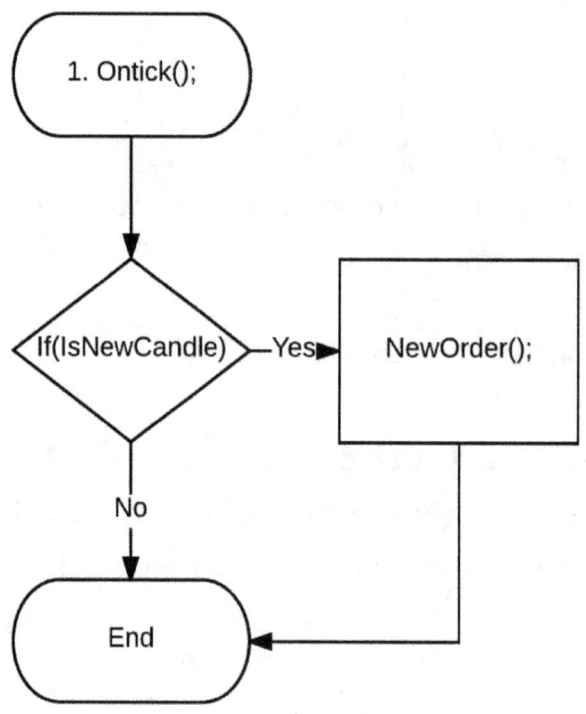

7-4 Função OnTick reajustada com IsNewCandle().

Você pode ver que nós mudamos a função OnTick(). Adicionamos uma declaração if que executa a função NewOrder() somente se houver uma vela nova.

Você pode ver que quando a função OnTick() é executada, ela executa a declaração if, que executa a função IsNewCandle(), se NewCandle() retornar true, significa que sim ela executará a função NewOrder(), mas se IsNewCandle() retornar false ela irá apenas até o final da nova função, e será executada da mesma forma no próximo tick.

O que você deve saber:

- Como fazer uma função bool;
- O que funções de barras significam;
- Como usar declarações if.

CAPÍTULO 8:
Função de Ordens Totais

Descrição da função

Esta função conta o número de ordens de mercado que temos no mercado. O objetivo é saber quantas ordens abertas temos para evitar a abertura de mais de uma ordem de mercado de cada vez.

Nome da função: TotalOpenTrader()

```
int TotalOpenOrders()
{
int Trades=0;
int Total=OrdersTotal();
   for(int i=Total;i>0;i--)
        {
        bool res=OrderSelect(i-1,SELECT_BY_POS,MODE_TRADES);
        if(OrderType()==OP_BUY || OrderType()==OP_SELL)
            {
            Trades++;
            }
        }
    return(Trades);
}
```

8-1 É assim que esta função se parece.

Uma vez que isto retornará um número inteiro que é o número de pedidos, trata-se de uma função do tipo integer.

1. Começamos declarando uma variável int Trades e atribuímos um valor zero, esta é a variável à qual atribuiremos o número de trades em aberto.

2. Iniciamos outra função que também é do tipo integer, atribuímos valor de OrdersTotal() ao *Total*, esta função

retorna o total de ordens abertas e pendentes em nosso pool de trades abertos.

3. Criamos um for loop. Este é um loop que irá iterar o número de todas as ordens pendentes e ordens abertas se o número estiver acima de zero, e irá diminuir o valor de i após cada loop, desde que i seja maior ou igual a zero.

4. A seguir, verificará se o valor de i está acima de zero, se há alguma ordem no terminal, estará acima de zero, como 2.

5. Se não tivermos nenhuma ordem no terminal, ele apenas executará Return(Trades); que retornará 0, e passará o controle fora desta função.

6. Se estiver acima de zero, passará pelo resto do loop.

7. O primeiro processo é selecionar a ordem particular em nosso pool de trades. Fazemos isto usando nossa função OrderSelect(), esta função retornará true se houver uma ordem em nosso trade aberto ou então, false. Se a declaração com OrderSelect() combinada tiver duas operações em nossa função, uma é selecionar a ordem correta e como é uma função com retorno do tipo boolean, ela retornará true, que então passa o controle para a próxima operação. OrderSelect tem três variáveis, a primeira variável é o índice do trade que estamos executando através do loop, devemos definir i-1, porque o

primeiro trade tem um valor de índice de zero. A variável seguinte que usamos indica que selecionamos o trade por sua posição no índice. Depois, dizemos que queremos usar o pool de trade ao vivo, e não selecionar um trade do histórico. OrderSelect() é um tipo de variável boolean, que retorna true se tivermos algum trade selecionado e false se nenhum trade for selecionado.

8. Em seguida, temos uma declaração if, que verifica se o trade que selecionamos é uma ordem de mercado de compra ou venda.

9. Se for uma ordem de compra ou venda, adicionamos 1 à nossa variável Trades, se não for, apenas passaremos o controle de volta para o loop para diminuir i. Se tivermos 8 ordens totais no pool, na próxima vez eu terei o valor de 7 no loop.

10. Quando tiver passado por todas as ordens abertas, terei um valor 0, e então o controle será passado para o return(Trades) que retorna a variável Trades a quem possa estar chamando sobre esta função. Portanto, se houver 7 ordens de mercado, a variável Trades terá um valor de 7 quando chamamos o return(Trades) fora da função.

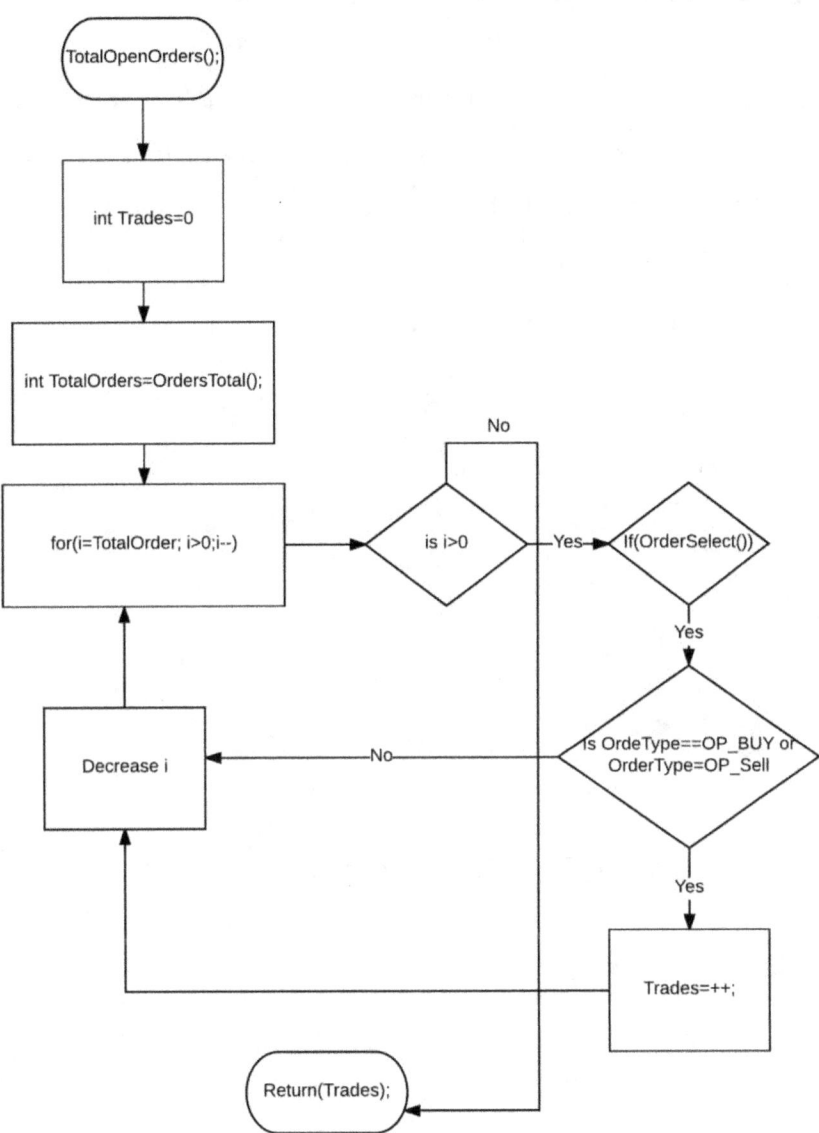

8-2 Diagrama de fluxo para o TotalOpenOrders().

Como usar a função TotalOpenOrders()

Agora usaremos nossa nova função em nossa função tick para verificar e somente negociaremos se não houver ordens abertas, ou seja, se TotalOpenOrders()<1.

```
25 //+------------------------------------------------+
26 //| Expert deinitialization function               |
27 //+------------------------------------------------+
28 void OnDeinit(const int reason)
29   {
30 //---
31    
32   }
33 //+------------------------------------------------+
34 //| Expert tick function                           |
35 //+------------------------------------------------+
36 void OnTick()
37   {
38    if(IsNewCandle())
39      {
40       if(TotalOpenOrders()<1)
41         {
42          NewOrder();
43         }
44      }
45   }
46 //+------------------------------------------------+
47 //+------------------------------------------------+
48 //|Our own New order send function                 |
49 //+------------------------------------------------+
50 void NewOrder()
51 {
52 int Result=OrderSend(Symbol(),OP_BUY,LotSize,Ask,3,Ask-StopLoss,Ask+TakeProfit,NULL,1234,0,clrNONE);
53 return;
54 }
```

8-3 Esta é nossa função OnTick() reordenada.

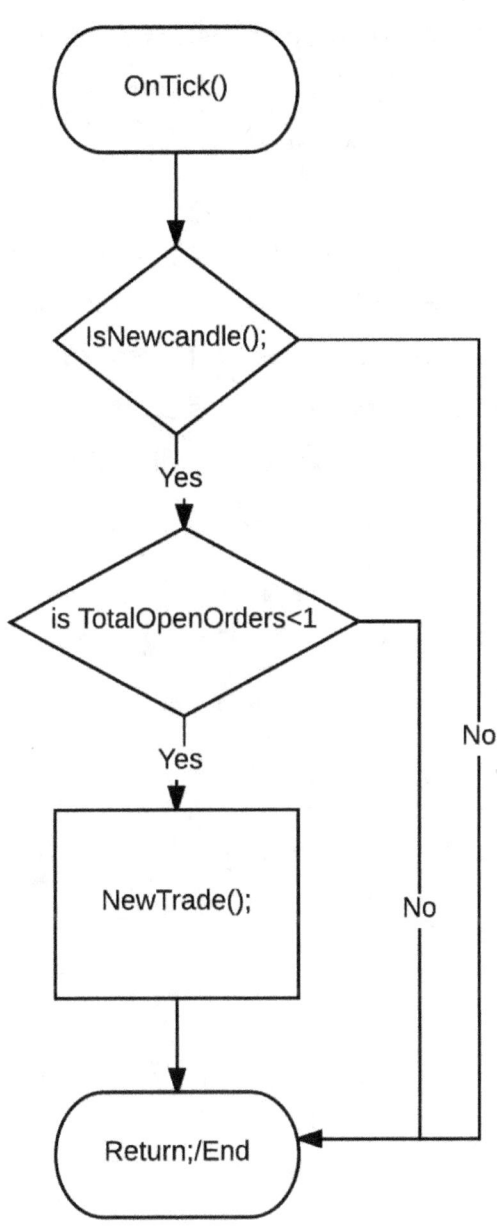

8-4 Diagrama de fluxo da função Tick rearranjado.

É assim que funciona o fluxo, se for NewCandle, passará o controle para verificar se o total de ordens abertas é inferior a 1, significando 0, se for esse o caso, passará o controle para NewTrade() e executará essa função NewTrade().

Você vê que introduzimos uma nova declaração if em nossa função OnTick() e agora temos um parêntese adicional de abertura e fechamento. Portanto, NewTrade() está dentro dos parênteses das declarações TotalOpenTraders que está dentro dos parênteses de abertura e fechamento do IsNewCandle. Você vê a relação no diagrama de fluxo.

CAPÍTULO 9:
Função Para Fechar Todas as Ordens

Descrição da função:

Faremos uma função que fecha todas as ordens de mercado e exclui todas as ordens pendentes atuais.

Nome da função: CloseAllOrders()

```
void CloseAllOrders()//1.
{
int Total=OrdersTotal(); //2.
   for(int i=Total;i>0;i--) //3.
      {
      if(OrderSelect(i-1,SELECT_BY_POS,MODE_TRADES))//4.
         {
         if(OrderType()==OP_SELL)//5.
            {
            bool res1=OrderClose(OrderTicket(),OrderLots(),Ask,3,clrNONE);//6.
            }
         if(OrderType()==OP_BUY)//7.
            {
            bool res2= OrderClose(OrderTicket(),OrderLots(),Bid,3,clrNONE);//8.
            }
         if(OrderType()==OP_BUYLIMIT || OrderType()==OP_BUYSTOP|| OrderType()==OP_SELL-
STOP||OrderType()==OP_SELLLIMIT)//9.
            {
            bool res3= OrderDelete(OrderTicket(),clrNONE);//10.
            }
         }
      }
return;
}
```

9-1 Esta é a função CloseAllOrders.

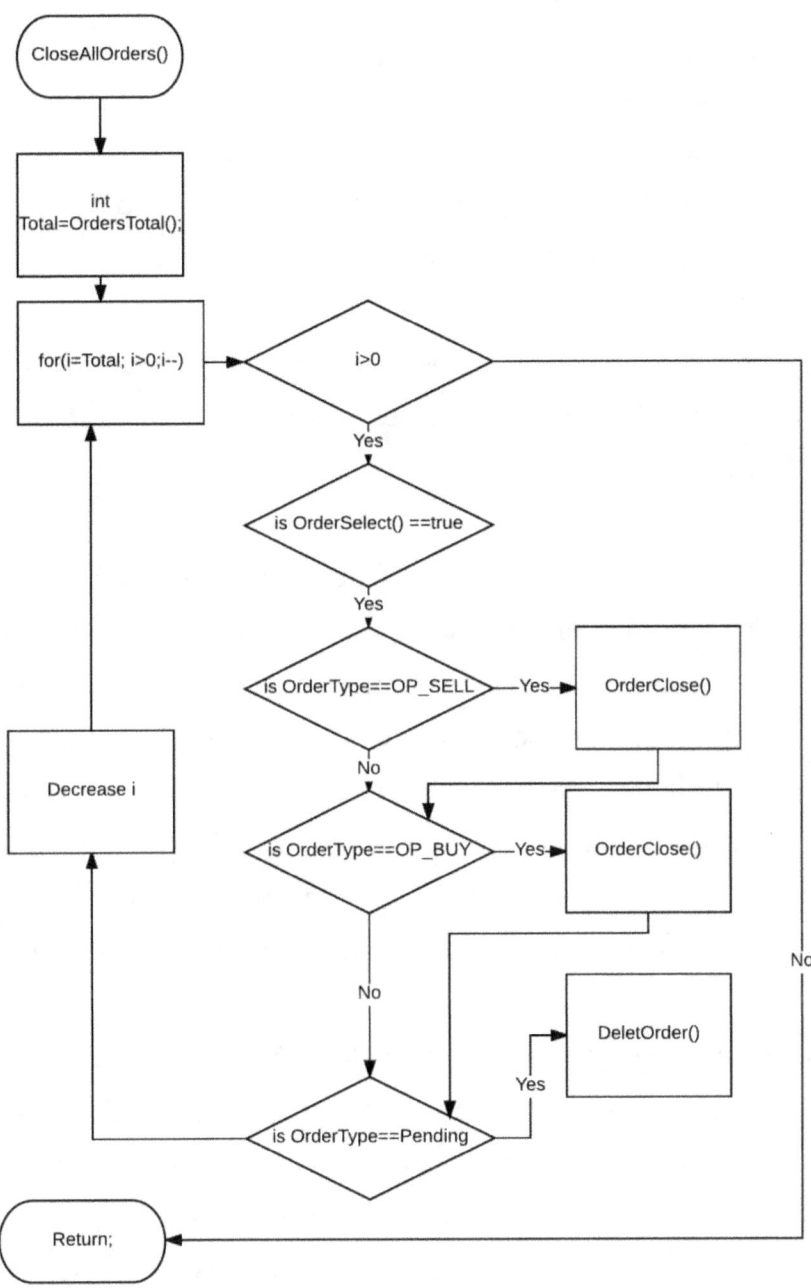

9-2 Diagrama de fluxo para a função CloseAllOrders().

Veja os números marcados na função e leia os comentários.

1. Começamos escrevendo void + nome da função + adição de chaves de abertura e fechamento e return. Antes do fechamento do parêntese incluiremos o resto da função entre parênteses e antes da declaração de return.

2. Crie uma variável integer com o nome Total, a função OrdersTotal() retornará o número total do mercado atual e ordens pendentes.

3. Crie um for loop que fará o loop de todas as ordens através do loop, começando com a última ordem. Ele precisará de suas próprias chaves de abertura e fechamento, tudo o que quisermos fazer loop deve estar dentro destas chaves. Se for um total de 8 ordens, ele começará pelo último número, 8, e executará esta ordem particular através de tudo o que temos em nosso loop. Depois de terminada, ele tomará a ordem de número 7 e continuará até a ordem de número 1.

4. Usamos nossa função OrderSelect() para selecionar a ordem específica em nosso pool de ordens, por exemplo, temos 8 ordens, a ordem número 8 terá o índice número 7 no pool. Ele retornará true se uma ordem for selecionada, se não houver ordem no pool de ordens, ele não executará este loop, portanto esta declaração if sempre será true.

5. Isto verificará se o tipo de ordem selecionado é uma ordem de mercado e é uma ordem de venda, usando a função OrderType() que retornará o tipo de ordem. Se este for o caso, executará a próxima operação, que é CloseOrder().

6. Temos um ponto-e-vírgula, porque é o fim deste loop, CloseOrder retorna uma declaração TRUE/FALSE, então usamos bool res1 para armazenar este valor, o mesmo com a função OrderDelete(), ele também retornará true. Esta função tem três variáveis de entrada.

7.
    a. A primeira variável é OrderTicket() da ordem selecionada;
    b. A segunda variável é o valor que você deseja fechar, ou seja, OrderLots();
    c. Terceiro é o preço, já que a ordem selecionada é a ordem de venda que usamos como preço de fechamento;
    d. A quarta variável é o slippage que definimos para três pips;
    e. Comentário.
8. Isto verificará se a ordem selecionada é uma ordem de mercado, se é uma ordem de compra, executará a próxima operação.

9. Temos ponto-e-vírgula, porque este é o fim deste ciclo, fechamos com o preço de oferta porque esta é uma ordem de compra.

10. Isto irá verificar se a ordem selecionada está pendente ou não.

11. Usamos OrderDelete() para apagar esta ordem específica se for uma ordem limite.

Uso da função CloseAllOrders()

Esta função será utilizada por outra função, que é a função CandleClose() que criaremos mais tarde no livro.

CAPÍTULO 10:
Função Pips

Descrição da função

Algumas corretoras são de quatro dígitos, outras de cinco dígitos. Isto significa que algumas estão indicando preços em 1.5000, outras corretoras estão indicando preços em 1.50000. Você precisa de uma função que recupere 0,0001 se forem quatro dígitos e 0,00001 se forem cinco. Preciso de uma variável *double pip*, à qual quero atribuir um valor de 0,0001. O objetivo é ter uma variável que você possa multiplicar com uma variável inteira para convertê-la em pips, por exemplo, usá-la para decidir o stop-loss e take-profit.

Você tem uma variável integer externa chamada extern int Stoploss=50;

É uma variável integer que declara que o stop-loss deve ser de 50 pips. Ao aplicar esta variável, você quer que ela seja 0,0050 que é 50 pips. Você pode fazer isto tendo uma variável chamada pips, que você atribui um valor de 0,0001 a ela. Você pode então multiplicar Stop-loss*pips=50*0,0001=0,0050 e obter o valor que você quer usar em sua função.

Esta função deve ser executada apenas uma vez no início quando iniciamos nosso algoritmo em nossa função OnInit() e atribuímos um novo valor à nossa variável double pips na área global.

```
void PipsFunction()//1.
{
double ticksize=MarketInfo(Symbol(),MODE_TICKSIZE);//2.
    if (ticksize == 0.00001 || ticksize == 0.001)//3.
    {
    pips = ticksize*10;//4.
    }
    else
    {
    pips = ticksize;//5.
    }
return;
}
```

10-1 Esta é a PipsFunction.

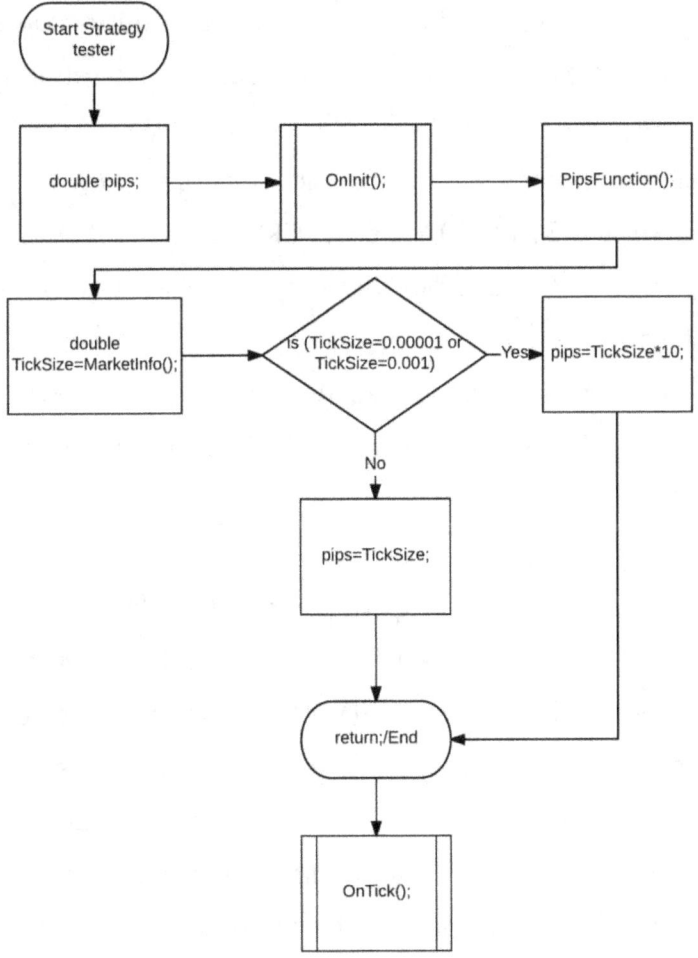

10-2 Diagrama de fluxo para PipsFunction;

Comentário sobre a função:

Você vê que primeiro começamos o testador de estratégias, que então define a variável double pips, e ela não recebe valor porque usaremos PipsFunction() para atribuir valor a ela. Então o controle passa para a função OnInit(), que chama a PipsFunction();

1. Começamos definindo a função, é uma função void com o nome PipsFunction() e adicionamos chaves de abertura e fechamento com return; antes da chave de fechamento no final. Esta é uma função que só executa e não retorna nada.

2. Temos uma variável double TickSize, que é igual a MarketInfo(Symbol(),MODE_TICKSIZE); fechamos esta operação com um ponto-e-vírgula. MarketInfo(), recupera informações do mercado, que se for uma corretora de cinco dígitos, recuperará 0,00001 e se for uma corretora de quatro dígitos recuperará 0,0001, por exemplo no par EURUSD.

3. Depois, temos uma declaração if que verifica se a corretora tem ou não cinco dígitos. Se na última operação ele recuperou um valor de 0,00001 (TickSize), este é uma corretora de cinco dígitos. Então multiplicamos o TickSize por 10 e atribuímos o valor a nossa variável pips: Se o TickSize for 0,0001, isto significa que é uma corretora de quatro dígitos, então usamos apenas o mesmo valor para pips, e não há necessidade de multiplicá-lo porque ele já possui o valor 0,0001.

4. Se for uma corretora de cinco dígitos, multiplicamos por 10 para convertê-la em quatro dígitos, e atribuímos este valor à variável pips.

5. Se for uma corretora de quatro dígitos e as pips de quatro dígitos da corretora forem as mesmas que a visão de informações de mercado pips=ticksize recuperados. Esta é uma outra afirmação se a primeira não for true, então nós executamos esta operação, caso contrário, não.

```
 7 #property link        "www.tayyabrashid.com"
 8 #property version     "1.00"
 9 #property strict
10
11 extern double TakeProfit=0.0050;
12 extern double StopLoss=0.0025;
13 extern double LotSize=0.01;
14 double pips=0;
15 //+------------------------------------------------------------------+
16 //| Expert initialization function                                   |
17 //+------------------------------------------------------------------+
18 int OnInit()
19   {
20 //---
21    PipsFunction();
22 //---
23    return(INIT_SUCCEEDED);
24   }
25 //+------------------------------------------------------------------+
26 //| Expert deinitialization function                                 |
27 //+------------------------------------------------------------------+
28 void OnDeinit(const int reason)
29   {
30 //---
31
32   }
33 //+------------------------------------------------------------------+
34 //| Expert tick function                                             |
35 //+------------------------------------------------------------------+
36 void OnTick()
37   {
38    if(IsNewCandle())
39       {
40        if(TotalOpenOrders()<1)
41           {
42            NewOrder();
43           }
44       }
45   }
```

10-3 É assim que usaremos o PipsFunction no script.

Você vê que a variável pips é definida na área global porque pode ser usada em várias funções diferentes.

Executamos esta função apenas uma vez, portanto a colocamos no OnInit(). Lembre-se que ela só é executada no início, então a executamos e atribuímos valor à nossa variável pips, que podemos usar em todas as outras variáveis da operação. Por exemplo, antes de começarmos, nossa variável pips não tem valor. Quando iniciarmos o testador de estratégias, executamos o algoritmo e quando a função OnInit() for concluída, ela executará a função PipsFunction(); que atribui valor à nossa variável *pips*.

Estamos construindo as diferentes funções que precisamos para administrar nossos trades. O que precisamos agora, são as seguintes funções: trade, executar trade, tamanho do lote, break-even e o trailing stop.

CAPÍTULO 11:
Função BreakEven

Descrição da função

Nome da função: BreakEven()
Esta função será executada e verificará após uma distância pré-definida se o mercado se moveu a nosso favor e fechará em alguns pips.

Esta função só funcionará se tivermos uma ordem aberta, ela funcionará em cada tick e não no fechamento da vela. Usaremos a declaração if para verificar se há um trade aberto, e chamaremos esta função na função tick se um trade estiver aberto. Teremos uma variável true/false que colocamos na função OnTick() para ativar/desativar a função breakeven, e teremos esta variável como modificável em nossa área global.

Variáveis na área global:

Extern int MoveToBreakEven=50; Esta variável será usada para decidir depois de quantos pips a nosso favor queremos mudar para o break-even.

Extern int PipsProfitLock=20; Esta variável é usada para decidir quantos pips queremos assegurar em lucro, 0 significa break-even e 20 pips significa que queremos fechar em 20 pips de lucro.

Extern bool UseBreakeven=true; Esta variável é usada na função de tick, e executa o break-even e se esta variável for true, ela pode ser alterada na janela de input.

```
void BreakEven()//1.
{
for(int i=OrdersTotal();i>0;i--)//2.
    {
    if(OrderSelect(i-1,SELECT_BY_POS,MODE_TRADES))//3.
        {
        if(OrderType()==OP_BUY)//4.
            {
            if(Bid-OrderOpenPrice()>MoveToBreakEven*pips)//5.
                {
                if(OrderOpenPrice()>OrderStopLoss())//6.
                    {
                    bool res1=OrderModify(OrderTicket(),OrderOpenPrice(),OrderOpenPrice()+PipsProfit-
Lock*pips,OrderTakeProfit(),0,clrNONE);//7.
                    Alert("Yes");
                    }
                }
            }
        if(OrderType()==OP_SELL)

            {
            if(OrderOpenPrice()-Bid>MoveToBreakEven*pips)
                {
                if(OrderOpenPrice()<OrderStopLoss())
                    {
                    bool res1=OrderModify(OrderTicket(),OrderOpenPrice(),OrderOpenPrice()-Pip-
sProfitLock*pips,OrderTakeProfit(),0,clrNONE);
                    }
                }
            }
        }
    }
}
```

11-1 Função Breakeven.

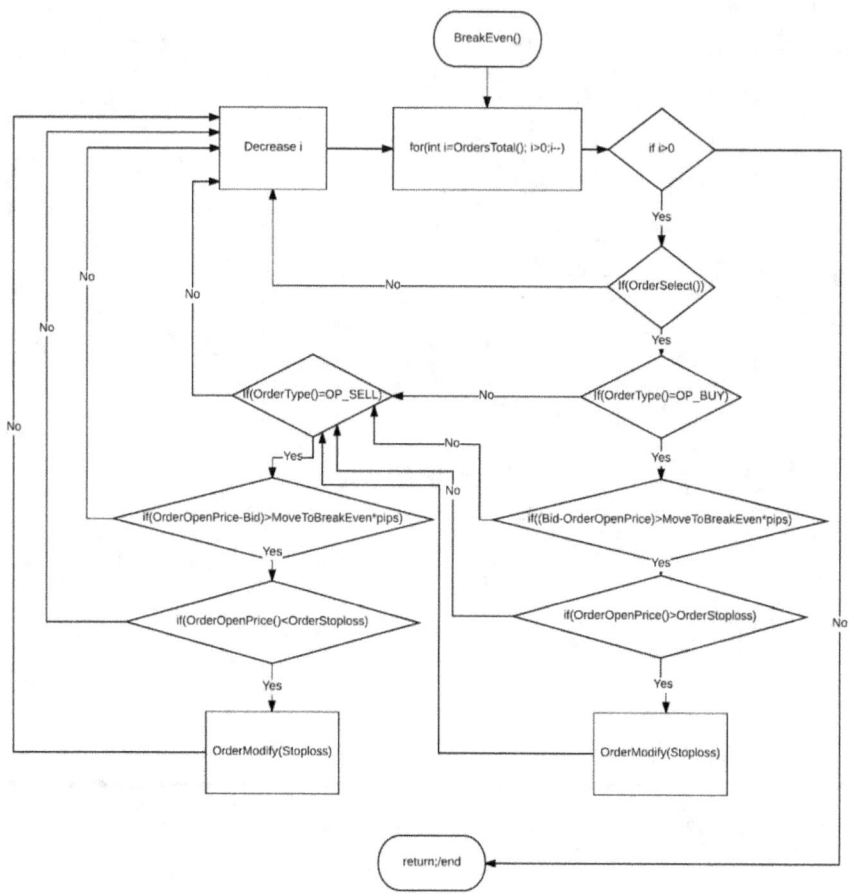

11-2 Diagrama de fluxo da função BreakEven.

1. Começamos nomeando a função void BreakEven(), adicionamos as chaves de abertura e fechamento e escrevemos return antes da chave de fechamento.

2. Usaremos um for loop para fazer loop através de todas as ordens abertas através de nossa função breakeven. "i" equivale a TotalOrder() e retornaremos as ordens totais atuais, então começaremos a executar o loop através da

última ordem. Se houver 8 ordens, ele começará com a oitava ordem e diminuirá o número de ordens para cada vez que tiver passado pela função de loop. Se "i" for maior que 0, se "i" for igual a 0, então passará o controle para o final desta função.

3. Usamos OrderSelect() para selecionar uma ordem específica em nosso trade pool, desde que haja uma ordem no pool, ela retornará true or false. Se a última decisão passar para OrderSelect(), isto significa que há uma ordem em nosso trade pool, então isto será sempre true, e passará o controle para a frente após selecionar a ordem.

4. Após termos OrderSelected() e ele ter retornado true, verificamos se a ordem selecionada é uma ordem de compra. Se for uma ordem de compra, ela passará o controle para a próxima operação, se não for, passará pelo resto da função que verifica se esta é uma ordem de venda.

5. Se for uma ordem de compra, a declaração verificará se a diferença (em pips) entre o preço atual e o preço de abertura da ordem é mais do que o que decidimos na variável externa MoveToBreakEven. Por exemplo, se definimos essa variável como 40, essa variável não está em pips, para convertê-la em pips, multiplicamos com nossa variável pips que é (0,0001), isto se tornará 0,0040. Se a diferença for superior a 0,0040, o mercado movimentou mais de 40 pips a nosso favor, isto passará o controle para a

próxima operação. Se não for verdade, o controle passará então pela mesma ordem através da operação de venda, que também está mais abaixo na função.

6. Esta declaração if verificará se o stop-loss já se movimentou por meio do breakeven ou da função trailing, se não se moveu antes. Isto retornará true, e passará para a próxima operação. Caso o else passe o controle para verificar se é uma ordem de venda e executar essa operação.

7. Então, usamos a função OrderModify() para executar o que queremos que ela faça, tudo o resto é igual à ordem inicial, o que queremos mudar é o stop-loss. Como se trata de uma ordem de compra, temos que adicionar os pips que queremos bloquear à OrderOpenPrice(), aqui novamente, PipsProfitLock é um valor numérico, como 20, para convertê-lo em pips, o multiplique com nossa variável pips.

8. Então, fazemos o mesmo para o lado da venda. Você vê que ambas as funções OrderType() estão dentro das chaves da função OrderSelect().

```
11 extern int TakeProfit=50;
12 extern int StopLoss=25;
13 extern double LotSize=0.01;
14 double pips;
15 extern int MoveToBreakEven=50;
16 extern int PipsProfitLock=20;
17 extern bool UseBreakEven=True;
18 //+------------------------------------------------------------+
19 //| Expert initialization function                             |
20 //+------------------------------------------------------------+
21 int OnInit()
22   {
23 //---
24    PipsFunction();
25    Alert(pips);
26 //---
27    return(INIT_SUCCEEDED);
28   }
```

11-3 É assim que a variável será na área global.

Na figura acima, incluímos a variável double pips, não lhe atribuímos nenhum valor, mas temos uma função double definida. Para atribuir-lhe um valor, chamamos a função PipsFunction() na inicialização. Também mudamos o TakeProfit e Stoploss para integer, porque em vez de 0,0025 escrevemos 25, do outro lado multiplicamos StopLoss e Takeprofit por pips para convertê-lo para 0,0025. Também usamos a função NomalizeDouble() para converter todos para ter quatro decimais, a fim de arredondar para quatro decimais.

```
void NewOrder()
{
int Result=OrderSend(Symbol(),OP_BUY,LotSize,Ask, ,NormalizeDouble(Ask-
StopLoss*pips, ),NormalizeDouble(Ask+TakeProfit*pips, ),NULL, , ,clrNONE
);
return;
}
```

11-4 Função NewOrder.

Como usamos a função BreakEven

Vamos usá-la em nossa função OnTick e antes de executarmos a função BreakEven precisamos verificar se há uma ordem em aberto, se há, então executará a função BreakEven em cada tick.

```
void OnTick()
  {
  if(IsNewCandle())
     {
      if(TotalOpenOrders()<1)
         {
         EntrySignal();
         }
      if(TotalOpenOrders()>0)
         {
         if(UseBreakEven)
            {
            BreakEven();
            }
         }
     }
  }
```

11-5 Função BreakEven incluída na função OnTick.

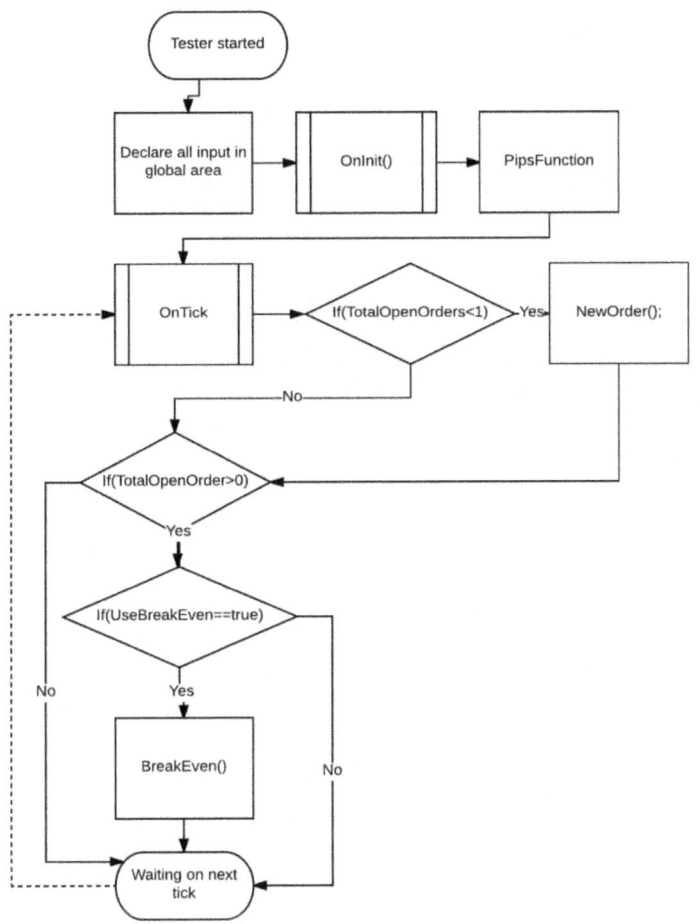

11-6 Novo diagrama de fluxo desde o início até a função Tick com a função BreakEven incluída.

Você vê que na função OnTick(), depois de executar uma operação, ela terá TotalOpenOrder, se mais de uma, ela passa o controle para a próxima declaração if, que pergunta se definimos a função UseBreakEven() como true, se esse é o caso, ela passará o controle para a próxima operação, que está executando a função BreakEven().

CAPÍTULO 12:
Função Trailing Stop

Descrição da função

Nome da função: TrailingStop() esta também é uma função void.

Queremos rastrear nosso stop-loss em uma tendência de alta, rastreamos (distância) alguns pips abaixo do preço de compra, por exemplo, 50 pips abaixo do preço de compra atual. Depois que nossa trailing stop for acionada, se o mercado subir 50 pips, mudaremos nosso stop-loss 50 pips para cima.

Variáveis utilizadas na área global:

Extern bool UseTrailingStop=true; Esta variável é acionada na função tick, como nossa função BreakEven() e verifica se queremos usar um trailing stop, após a operação ter sido acionada.

Extern int WhenToTrail=50; Usamos esta variável para ver se o mercado se moveu mais do que esta quantidade de pips quando começamos a trailing stop. Se formos longos e o mercado tiver se movido a nosso favor 50 pips, começamos a seguir o stop-loss.

Extern int TrailAmount=50; Esta variável é a distância que queremos entre nosso novo stop-loss e o preço de compra recente. 50 significa que queremos seguir 50 pips abaixo do preço recente. Devemos multiplicar ambos com a variável pips para converter este número em pips, 0,0050.

```
void TrailingStop()//1.
{
  for(int i=OrdersTotal();i>0;i--)//2.
    {
    if(OrderSelect(i-1,SELECT_BY_POS,MODE_TRADES))//3.
        {
        if(OrderType()==OP_BUY)//4.
            {
            if(Bid-OrderOpenPrice()>WhenToTrail*pips)//5.
                {
                if(OrderStopLoss()<Bid-TrailAmount*pips)//6.
                    {
                    bool res1=OrderModify(OrderTicket(),OrderOpenPrice(),Bid-TrailAmount*pips,OrderTakeProfit(),0,clrNONE);//7.
                    }

                }
            }
        if(OrderType()==OP_SELL)
            {
            if(OrderOpenPrice()-Bid>WhenToTrail*pips)
                {
                if(OrderStopLoss()>Bid+TrailAmount*pips)
                    {
                    bool res1=OrderModify(OrderTicket(),OrderOpenPrice(),Bid+TrailAmount*pips,OrderTakeProfit(),0,clrNONE);
                    }
                }
            }
        }
    }
return;
}
```

12-1 Função TrailingStop.

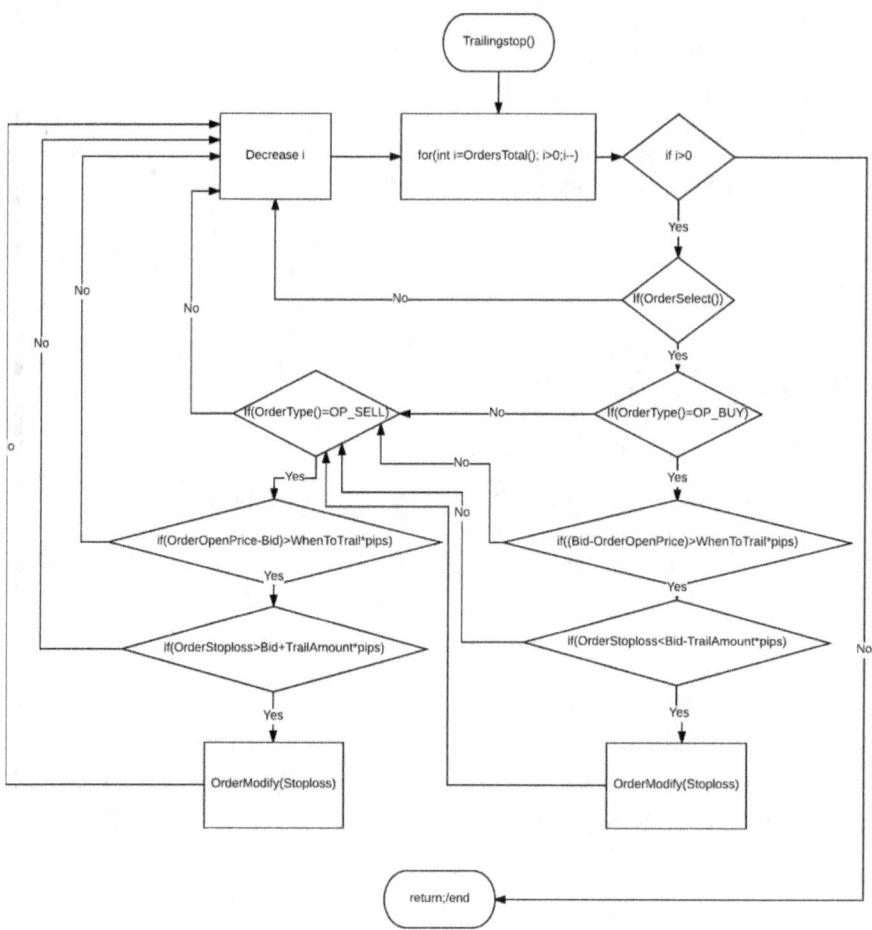

12-2 Diagrama de fluxo da função TrailingStop()

1. Começamos definindo a função void TrailingStop() com chaves de abertura e fechamento, e o return; antes da chave de fechamento.

2. Aqui, executamos todas as ordens abertas através de nosso loop de declarações. Usamos um for loop para fazer isso. Começando com o mais recente e diminuindo i para cada

vez que o loop for executado até que i seja zero, então ele passará o controle para fora desta função.

3. Selecionamos nossa ordem usando OrderSelect(), a função tem a mesma entrada que antes. Se uma ordem for selecionada e houver uma ordem em nosso pool de ordens, ela será true. Ela terá a ordem selecionada e passará a operação para a próxima declaração. Isto será sempre sim, porque se não houver ordem, não iniciará o loop porque então TotalOrder() é igual a 0, que passa o controle diretamente para fora do loop.

4. Com esta operação de declaração if, verificamos se a ordem selecionada é uma ordem de compra, se for o caso, esta declaração passará a operação para a próxima, ou então ela executará a mesma ordem através das operações de venda que estão mais abaixo, depois da qual começará o loop novamente com a próxima ordem.

5. Esta declaração if verifica se a diferença entre o preço atual e o preço aberto é maior do que o número de pips que decidimos que queremos rastrear depois com a variável WhenToTrail. Multiplicamos esta variável por pips para converter de 40 para 0,0040. Se nossa variável for 40, o mercado moveu mais de 40 pips a nosso favor, esta declaração passará a operação para a próxima declaração ou então passará o controle para verificar se esta é uma ordem de venda.

6. Isto verifica se esta é uma ordem de compra, se nosso atual stop-loss é menor do que onde queremos seguir. Se o OrdersStoploss for 1.4500 e quisermos que o stop-loss seja 1.4505, então esta declaração se tornará true e passará a operação para a próxima declaração, o que significa que devemos mudar o stop-loss para onde queremos rastrear. Caso contrário, ele passará o controle para verificar se esta é uma ordem de venda e passará pelo restante dessas operações.

7. Usamos a função OrderModify() para mudar o stop-loss atrás do preço de compra que queremos que o stop-loss rastreie, também usamos pips para converter TrailAmount para pips.

Declaração de variáveis na Área Global:

```
extern int TakeProfit=50;
extern int StopLoss=25;
extern double LotSize=0.01;

double pips;

extern bool UseBreakEven=True;
extern int MoveToBreakEven=50;
extern int PipsProfitLock=20;

extern bool UseTrailingStop=true;
extern int WhenToTrail=50;
extern int TrailAmount=30;
```

12-3 Esta é a área variável global com a função TrailingStop.

Como usar o TrailingStop

Como a função BreakEven(), ela também será colocada em nossa função OnTick após as declarações if de TotalOpenOrders>0.

```
void OnTick()
  {
  if(IsNewCandle())
     {
       if(TotalOpenOrders()<1)
         {
           EntrySignal();
         }
     }
     if(TotalOpenOrders()>0)
         {
           if(UseBreakEven)
             {
               BreakEven();
             }
           if(UseTrailingStop)
             {
               TrailingStop();
             }
         }
  }
```

12-4 Esta é a função OnTick() quando você inclui a função TrailingStop.

Como com a função BreakEven(), incluímos esta função nas mesmas chaves, dentro das chaves de verificação da declaração if se há uma ordem em aberto. Se as ordens estiverem abertas, verificará se definimos o UseBreakEven como true, se for true, executará a função BreakEven. Em seguida, verificará se definimos o UseTrailingStop como true, se esse for o caso, executará a função TrailingStop. Se não tivermos nenhuma ordem em aberto, ela irá até o final do programa.

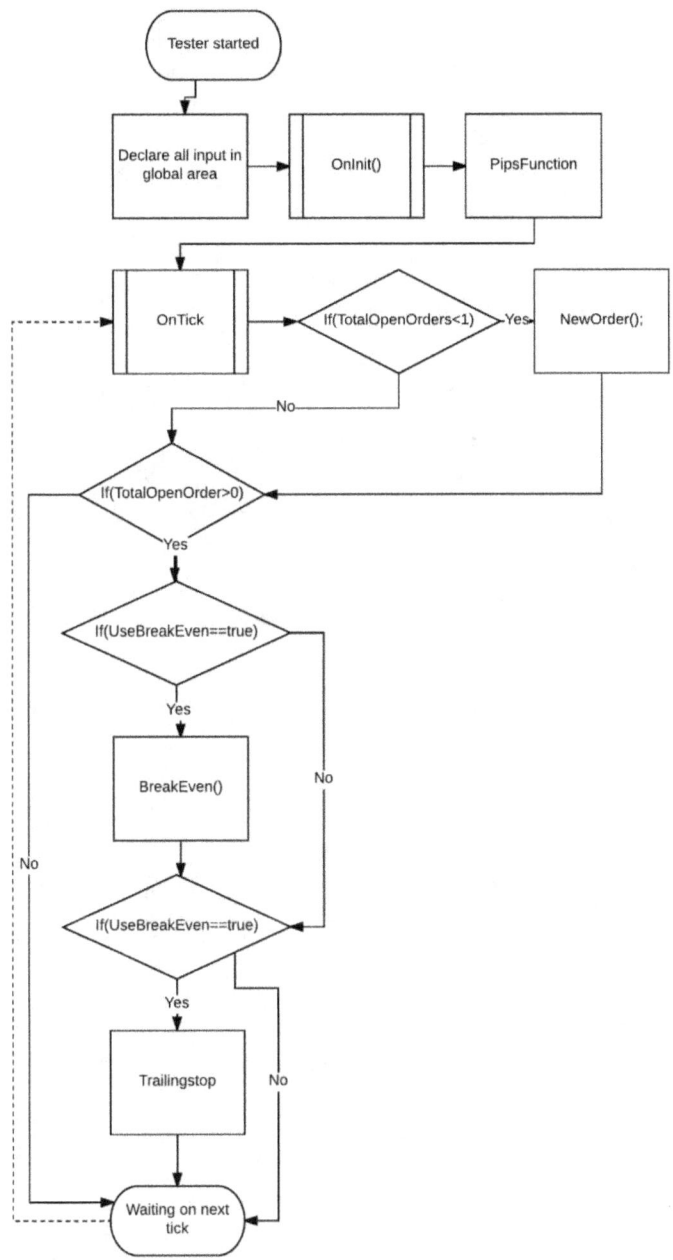

12-5 Diagrama de fluxo da função OnTick() com o TrailingStop incluído.

CAPÍTULO 13:
Função Trade

Descrição da função

Temos feito funções, a mais importante é a função de envio do trade, que inclui a opção de desligar o stoploss e o takeprofit, definir o takeprofit como uma função de stoploss (risco/recompensa) e a opção de tamanho da posição.

O nome da função será: Trade(int direction)

Int direction é um parâmetro de entrada que usaremos para chamar se quisermos negociar uma ordem de compra ou venda.

Trade(0) para ordem de compra e Trade(1) para ordem de venda.

Teremos a opção de ter um stop loss ou não.

Teremos a opção de ter um take profit ou não.

Teremos uma posição com uma relação risco/recompensa, para isso, precisamos que o stop loss esteja ativado.

Teremos um dimensionamento de posição automatizado, isto precisa do stop loss ativado e ser capaz de escolher a porcentagem de risco por operação.

Variáveis na Área Global:

extern bool UseStoploss=true; Isto será true se quiser usar stop loss e false se não

extern bool UseTakeProfit=true; Isto será true se quisermos usar takeprofit, false se não

extern bool UsePosition=true; Isto será true se quisermos usar dimensionamento de posições, false se não

extern bool UseRiskReward=true; Isto será true se quisermos usar a relação risco/recompensa

extern double reward_ratio=2; Esta é a relação risco-recompensa, se for true isto significa que o takeprofit é o dobro do stoploss

extern int RiskPercent=1; Isto é é o dimensionamento da posição em porcentagem de quantos por cento de nosso patrimônio líquido atual queremos negociar em cada trade, nosso risco em cada trade.

Chamada da função:
Esta função será chamada por uma função de lógica de trade que definiremos por Trade(0) ou Trade(1).

```
void Trade(int Direction)//1.
{
double SL;//2.
double TP;//3.
double Equity=AccountEquity();//4
double RiskedAmount=Equity*RiskPercent*0.01;//5.
double Lots=0;//6.
  if(Direction==)//.7
  {
  if(UseStoploss)//8.
      {
      SL=Bid-StopLoss*pips;
      }
      else
      {
      SL= ;
      }
      double PipsToBuyStoploss=StopLoss*pips;
      if(UseTakeProfit)//.9
      {
         if(UseRiskReward && UseStoploss)//10.
         {
         TP=(Bid-SL)* +Bid;
         }
         else
         {
         TP=Bid+TakeProfit*pips;
         }
      }
      else
      {
      TP= ;
      }
      if(UsePosition && UseStoploss)//.11
      {
       Lots=(RiskedAmount/(PipsToBuyStoploss/pips))/ ;
      }
      else
      {
      Lots=LotSize;
      }
      int res=OrderSend(Symbol(),OP_BUY,Lots,Ask, ,NormalizeDouble(SL, ),NormalizeDou-
ble(TP, ),NULL, , ,clrNONE);//.11.
  }
  if(Direction== )
  {
      if(UseStoploss)
      {
      SL=Ask+StopLoss*pips;
      }
      else
      {
      SL= ;
      }
      double PipsToSellStoploss=StopLoss*pips;
      if(UseTakeProfit)
      {
         if(UseRiskReward && UseStoploss)
         {
         TP=Ask-((SL-Ask)* );
         }
         else
         {
         TP=Ask-TakeProfit*pips;
         }
      }
      else
      {
      TP= ;
      }
      if(UsePosition && UseStoploss)
      {
       Lots=(RiskedAmount/(PipsToSellStoploss/pips))/ ;
      }
      else
      {
      Lots=LotSize;
      }
      int res=OrderSend(Symbol(),OP_SELL,Lots,Bid, ,NormalizeDouble(SL, ),NormalizeDou-
ble(TP, ),NULL, , ,clrNONE);
  }
return;
}
```

13-1 Função Trade().

1. Esta função é uma função void. Nós escrevemos void Trade(int direction), abrimos e fechamos chaves e return antes da chave de fechamento para dizer ao executor que

este é o fim desta função e o controle será dado fora da função a partir daí. A direção é uma variável de entrada que será usada para chamar a função, é do tipo integer. Ela será chamada como Trade(0) para ordem de compra e Trade(1) para ordem de venda, 0 e 1 é tipo integer, portanto, a variável Direction é um tipo integer.

2. Estamos definindo uma nova variável double SL(stop loss) que usaremos para colocar em nossa função OrderSend() sem valor inicial atribuído a ela.

3. Estamos definindo uma nova variável double TP(take profit) que usaremos para colocar em nossa função OrderSend() sem valor inicial atribuído a ela.

4. Temos uma função double chamada equity, a esta variável, será atribuído o valor atual na conta.

5. Temos uma variável double chamada RiskedAmount, este é o montante que queremos arriscar em uma determinada operação. Multiplicamos o patrimônio atual com o risco que queremos colocar nesta operação com a variável RiskPercent em nossa área global, porque é do tipo integer e queremos convertê-lo em porcentagem, multiplicamos isto por 0,01.

6. Temos uma variável chamada Lots, com valor inicial zero atribuído. Todas estas variáveis são variáveis locais, elas só podem ser usadas dentro desta função.

7. Ao chamarmos a função que chamamos de This era Trade(0), ela executará tudo dentro desta faixa de declaração.

8. A primeira coisa é decidir o stop loss, se UseStoploss é igual a stoploss é Bid-Stoploss*pips, a outra é igual a zero.

9. Nós decidimos o stop loss. Se o stop loss é igual à true, então temos que perguntar se estamos usando o risco para recompensar (se é true).

10. Se isto for true, por exemplo, o takeprofit é duas vezes o stoploss, se for fale, é Bid+TakeProfit*pips.

11. Então, devemos ver se UsePosition e stoploss são iguais a true, se assim for, então lotsize é uma função do RiskedAmount e de nosso stoploss.

12. Colocamos nosso trade com todas as variáveis de entrada que selecionamos desde o início na função.

PROGRAMAÇÃO DE EXPERT ADVISOR | **127**

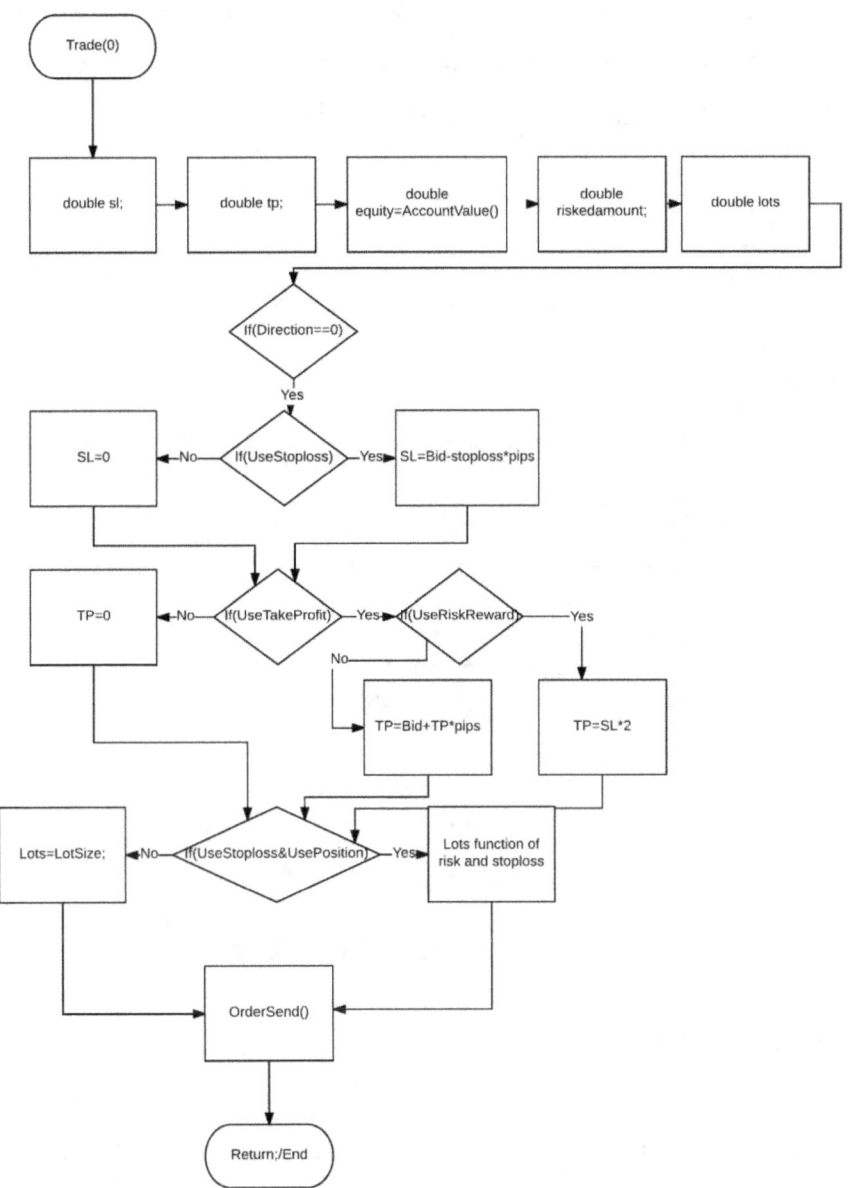

13-2 Diagrama de fluxo da função Trade().

Chamamos a função Trade(0) que verifica se a direção é igual a zero, indicando que a função de entrada é igual a zero. Se isso for verdade, ela será executada através de tudo o que estiver entre as chaves de abertura e fechamento da declaração if(Direction==0) e executará tudo o que temos indicado no fluxograma acima.

```
extern int TakeProfit=50;
extern int StopLoss=25;
extern double LotSize=0.01;

double pips;

extern bool UseBreakEven=True;
extern int MoveToBreakEven=50;
extern int PipsProfitLock=20;

extern bool UseTrailingStop=true;
extern int WhenToTrail=50;
extern int TrailAmount=30;
extern bool UseStoploss=true;
extern bool UseTakeProfit=true;
extern bool UsePosition=true;
extern bool UseRiskReward=true;
extern double reward_ratio=2;
extern int RiskPercent=1;
```

13-3 Acima, você vê como fica nossa área global.

Como usar o Trade()

Usaremos esta função mais tarde, quando fizermos uma função Strategy() onde escrevemos a lógica de trade e a partir dela, chamaremos esta função Trade().

CAPÍTULO 14:
Função CandleClose

Descrição da função

Existem diferentes maneiras de fechar um trade, alguns traders fecham com um stop-loss e take-profit, outros fecham após alguma regra de vela. Criamos esta função porque também precisamos dela para criar uma estratégia.

Nome da função: CandleClose();

Variáveis na área Global:

extern Bool UseCandleClose=true; Esta variável é colocada na área global e é uma variável externa porque precisamos que ela seja modificável. Se quisermos usar CandleClose(), a definimos como true ou false.

extern int CloseAfterCandles=1; Esta é uma variável integer e decidirá depois de quantas velas queremos fechar nossa ordem. 1 significa que queremos fechar esta operação depois que um trade de velas tiver sido executado.

Onde aplicar a função: A função deve ser executada em cada tick se uma ordem estiver aberta. Ela é colocada dentro das mesmas chaves que nossa função BreakEven e TrailingStop.

Variáveis na área Local:

Int period=Period(); Esta variável é atribuída à função Period(), period retorna o valor do período de tempo em que estamos rodando este algoritmo. Se estivermos rodando um gráfico de um minuto, ele retornará 1, e 5 se estivermos rodando a 5 minutos, 60 se estivermos rodando por 1 hora e 240 se estivermos rodando por 4 horas, que é 1 hora*4=60*4=240.

int period2=0; Esta variável tem inicialmente um valor zero, porque, usando uma função switch, queremos atribuir um valor a ela. Esta variável retornará um tempo em segundos. Por exemplo, se ela está ligada a um minuto, há 60 segundos em um minuto, então o period2 tem valor de 60. Se estiver anexada a um gráfico de 1 hora, há 60*60=3600 segundos em uma hora, então esta variável terá um valor de 3600, mas isto é feito usando uma função switch.

```
void CandleClose()//1
{
   int period=Period();//2.
   int period2=0;//3.


   switch(period)//4.
   {  case 1:period2=60;break;
      case 5:period2=300;break;
      case 15:period2=900;break;
      case 30:period2=1800;break;
      case 60:period2=3600;break;
      case 240:period2=14400;break;
      case 1440:period2=86400;break;
      case 10080:period2=604800;break;
      case 43200:period2=2592000;break;
      //default: Alert("Nothing");
   }
for(int i=OrdersTotal();i>0;i--)//5.
   {
   if(OrderSelect(i-1,SELECT_BY_POS,MODE_TRADES))//6.
      {
      if(TimeCurrent()-OrderOpenTime()>period2*CloseAfterCandles)//7.
         {
         CloseAllOrders();//8.
         }
      }
   }
   return;
}
```

14-1 A função CloseCandle()

1. Começamos a escrever o tipo de função que é void. Depois nomeamos a função, que é *CandleClose* e escrevemos os parênteses de abertura e fechamento após o nome da função para alertar o sistema que esta é uma função. Em seguida, precisamos de chaves de abertura e de fechamento que tenham todas as operações dentro da função. Antes do colchete de fechamento, precisamos escrever return; para indicar que este é o fim da função e o controle é passado para fora da função para a próxima operação, ou está executando a próxima função ou terminando.

2. Temos que definir nossa variável period como um integer e atribuir o valor Period(), que retornará o período no qual este algoritmo está rodando. Se for um período de um

minuto, retornará 1 e 60 se for de 1 hora, e 240 se for de 4 horas.

3. Esta é nossa próxima variável na área local, uma variável que só pode ser usada dentro desta função. Esta variável é um integer, e inicialmente atribuímos um valor 0, mas será dado um valor após executarmos a operação switch, que é a próxima na função. O nome desta função é *period2*.

4. Este é um operador switch, é o mesmo que uma declaração if, mas com mais casos. Você começa escrevendo o switch com parênteses de abertura e fechamento, nos parênteses você escreve o nome da variável que você quer verificar. Até agora, teria sido dado um retorno de valor pela função *period()*. Em seguida, você adiciona chaves de abertura e fechamento para declarar todos os casos. Temos um número se esse *period* tiver sido atribuído ao valor 1, atribuiremos um valor de 60 à variável *period2* porque há 60 segundos em um minuto. Se este for o caso, depois de atribuir o valor, temos que escrever break; o que este operador faz é que, ao invés de atribuir o valor *period2* e caso seja *period1*, ele não verificará o resto dos casos e passará o controle para fora das chaves do operador do switch para a próxima operação na função. Desta forma, economizamos algum tempo, mas se não escrevermos break; ele continuará a verificar se o caso é 5,15 e assim por diante. Atribuímos um valor a todas as variáveis que

precisamos nas operações futuras, tanto as variáveis *period* como o *period2*.

5. Em seguida, temos um loop que passará por todas as ordens abertas, começando com a última ordem e diminuindo uma a uma.

6. Precisamos selecionar uma ordem em nosso pool de trades para verificar o trade na próxima operação.

7. Aqui, temos uma declaração if que significa "declaração de decisão". A função TimeCurrent() retorna os segundos atuais desde 1970, o número de segundos desde 1970. OrderOpenTime() retorna quantos segundos passaram desde 1970, quando executamos a operação. A diferença entre estes dois é quantos segundos a negociação foi aberta. O period2 tem o valor que lhe atribuímos utilizando o operador do switch. Se estamos executando esta estratégia em um gráfico de hora, o *period2* tem um valor de 3600 (número de segundos em uma hora) e multiplicamos isto pelo número de velas ou horas depois que queremos fechar. 1 se quisermos fechar após uma hora e 2 se quisermos fechar este trade após duas velas de hora, etc. em hora (duas horas). Esta declaração if verifica quando o tempo de duração do trade em segundos é superior ao valor no lado direito de > se for o caso, então passa o controle para a próxima operação.

8. A próxima operação é chamar nossa função CloseAllOrder(); que já construímos e está no mesmo script. Ela fecha todas as ordens abertas e exclui as ordens pendentes.

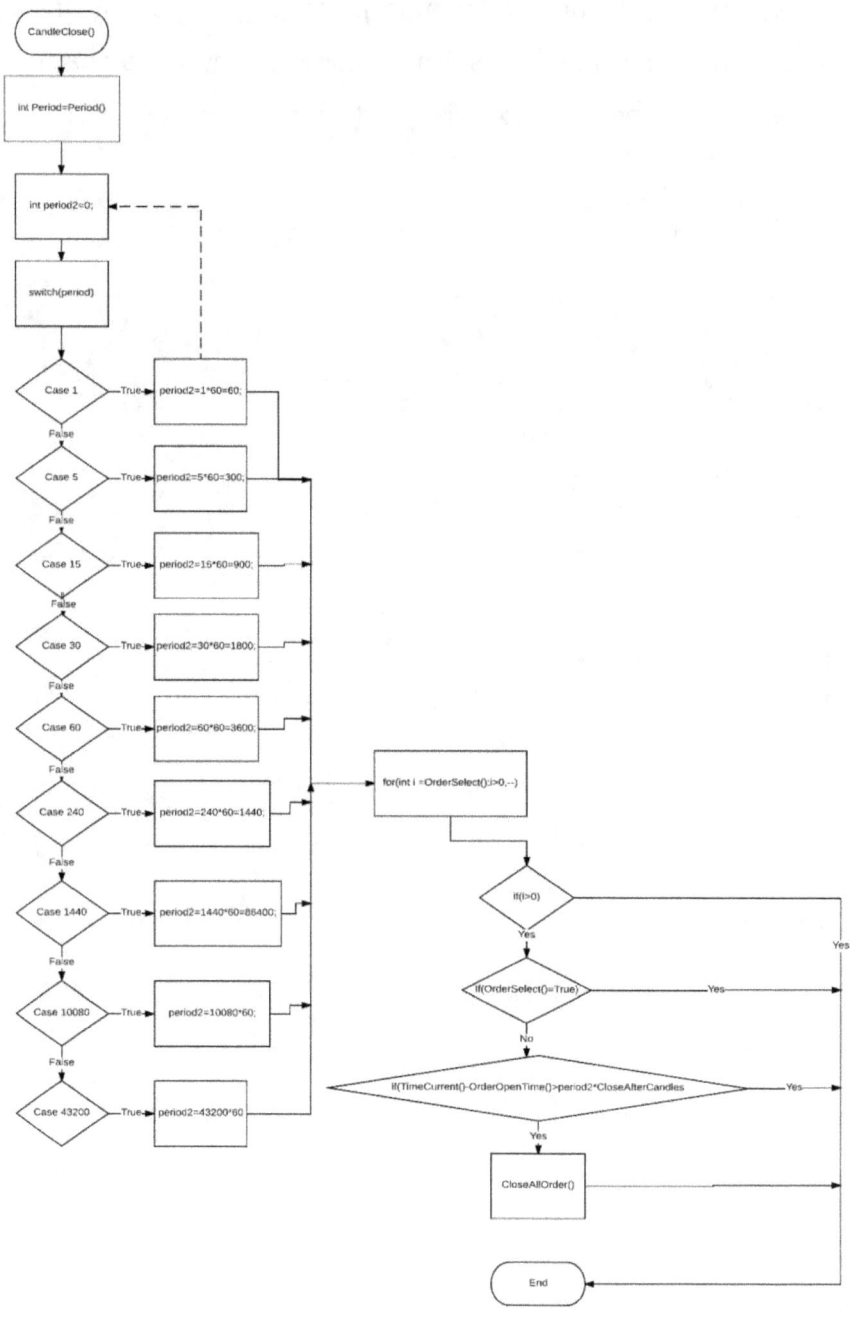

14-2 Diagrama de fluxo da função CloseCandle().

```
11 extern int TakeProfit=50;
12 extern int StopLoss=25;
13 extern double LotSize=0.01;
14
15 double pips;
16
17 extern bool UseBreakEven=True;
18 extern int MoveToBreakEven=50;
19 extern int PipsProfitLock=20;
20
21 extern bool UseTrailingStop=true;
22 extern int WhenToTrail=50;
23 extern int TrailAmount=30;
24 extern bool UseStoploss=true;
25 extern bool UseTakeProfit=true;
26 extern bool UsePosition=true;
27 extern bool UseRiskReward=true;
28 extern double reward_ratio=2;
29 extern int RiskPercent=1;
30 extern bool UseCandleClose=true;
31 extern int CloseAfterCandles=1;
```

14-3 Esta são variáveis globais com a função CandleClose().

Como usar a função CandleClose

Agora construímos uma função que usaremos para projetar nossa estratégia de trade. Devemos definir UseCandleClose=true; e decidir o número da vela que queremos fechar em seguida na área global. Quando estamos usando esta função, você deve definir UseStopLoss e UseTakeProfit como false, caso contrário, você terá dois mecanismos de fechamento.

```
void OnTick()
 {
  if(IsNewCandle())
     {
      if(TotalOpenOrders()<1)
         {
          EntrySignal();
         }
      }
      if(TotalOpenOrders()>0)
         {
          if(UseBreakEven)
             {
              BreakEven();
             }
          if(UseTrailingStop)
             {
              TrailingStop();
             }
          if(UseCandleClose)
             {
              CandleClose();
             }
         }
 }
```

14-4 Esta é a função OnTick() com a função de CandleClose incluída.

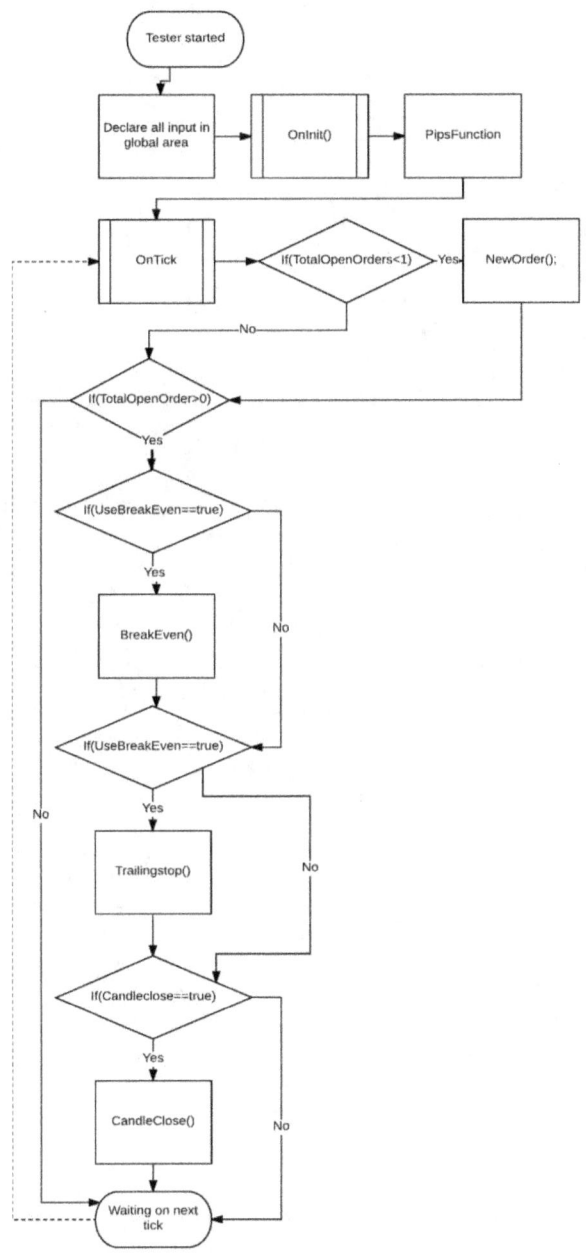

14-5 O diagrama de fluxo para a função OnTick() com CandleClose().

CAPÍTULO 15:
Função de Estratégia

Descrição da função

Esta é a função na qual decidimos nossa estratégia. Chamamos a função Trade(0) para uma ordem de compra e Trade(1) para uma ordem de venda.

Nome da função: EntrySignal()

Variáveis na Área Global:

Extern int ShortMAPeriod=50; Esta é a entrada para a função média móvel de curto prazo e quantos períodos estamos usando de prazo mais curto.

Extern int LongMAPeriod=100; Esta é a entrada para a função de média móvel de longo prazo, como períodos de média móvel.

extern bool TradeLong=true; Esta variável é true se quisermos negociar a longo prazo em nossa estratégia.

extern bool TradeShort=true; Esta variável é true se quisermos negociar a curto prazo em nossa estratégia.

Variáveis em Área Local da Função:

Precisamos calcular as diferentes médias móveis. Como vamos negociar em crossovers, precisamos calcular um período e dois períodos antes das médias móveis. Para o trade de longo prazo, os dois períodos anteriores à média móvel de curto prazo devem estar abaixo da média móvel de longo prazo e o período anterior, o curto prazo deve estar acima do longo prazo e então temos uma estratégia de crossover.

```
Double ShortMaCurrent=iMA(Symbol(),PERIOD_CURRENT,ShortMAPeriod,0,MODE_SMA,PRICE_CLOSE,1);

Double LongMaCurrent=iMA(Symbol(),PERIOD_CURRENT,LongMAPeriod,0,MODE_SMA,PRICE_CLOSE,1);

Double ShortMaPrevious=iMA(Symbol(),PERIOD_CURRENT,ShortMAPeriod,0,MODE_SMA,PRICE_CLOSE,2);

Double LongMaPrevious=iMA(Symbol(),PERIOD_CURRENT,LongMAPeriod,0,MODE_SMA,PRICE_CLOSE,2);
```

Você vê que as variáveis globais que são modificáveis são a entrada nas variáveis locais.

```
void EntrySignal()//0
{
double ShortMaCurrent=iMA(Symbol(),PERIOD_CURRENT,ShortMAPeriod, ,MODE_SMA,PRICE_CLOSE, );//1.
double LongMaCurrent=iMA(Symbol(),PERIOD_CURRENT,LongMAPeriod, ,MODE_SMA,PRICE_CLOSE, );
double ShortMaPrevious=iMA(Symbol(),PERIOD_CURRENT,ShortMAPeriod, ,MODE_SMA,PRICE_CLOSE, );
double LongMaPrevious=iMA(Symbol(),PERIOD_CURRENT,LongMAPeriod, ,MODE_SMA,PRICE_CLOSE, );

   if(TradeLong)//.2
   {
      if(ShortMaPrevious<LongMaPrevious && ShortMaCurrent>LongMaCurrent)//3.
         {
         Trade( );//.4
         }
   }
   if(TradeShort)
   {
      if(ShortMaPrevious>LongMaPrevious && ShortMaCurrent<LongMaCurrent)
         {
         Trade( );
         }
   }
return;
}
```

15-1 É assim que nossa função de estratégia aparecerá com o crossover média móvel.

1. Começamos escrevendo void porque esta função só executa o que está entre chaves, depois o nome da função com parênteses abertos e fechados. Em seguida, adicionamos chaves de abertura e fechamento com return; dentro.

2. Escrevemos as variáveis locais que usaremos nesta função e vemos que as variáveis locais têm variáveis externas globais como variáveis de entrada.

3. Verificamos se definimos nossa variável TradeLong bool como true ou false, se ela for true, passa o controle para a próxima operação.

4. Este é também uma declaração if que verifica se os dois períodos de média móvel curta estavam abaixo da média

móvel lenta e um período de média móvel rápida está acima de um período de média móvel lenta, o que significa verificar se há um cross. Se o cross tiver acontecido, então ela chamará a função Trade() com a variável de entrada 0, o que significa ordens de compra.

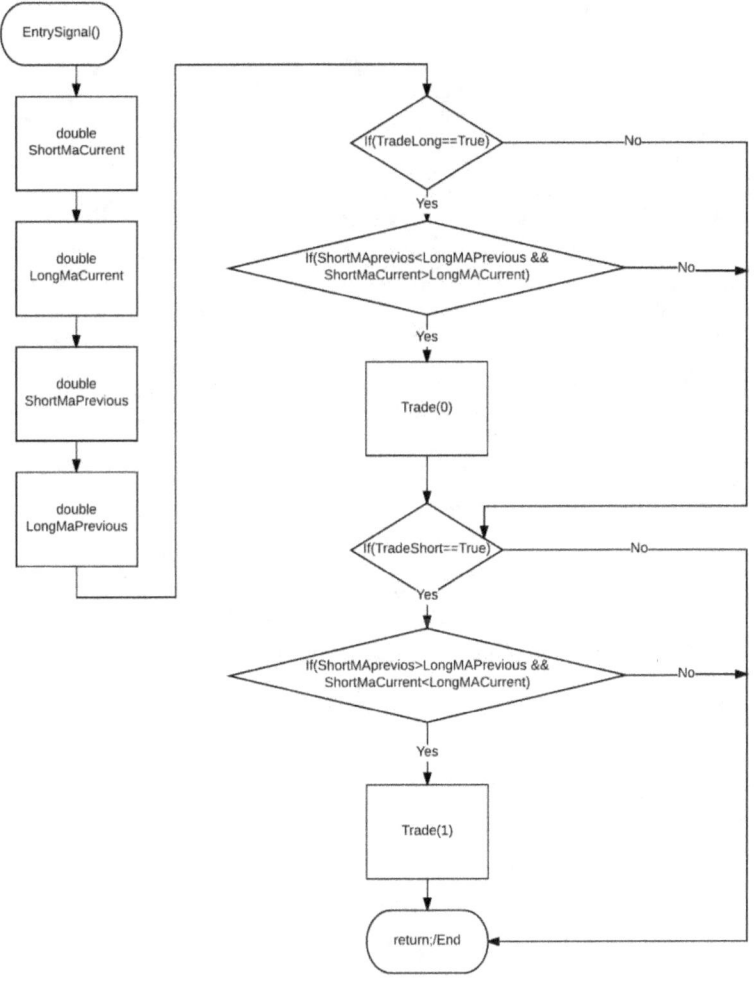

15-2 Diagrama de fluxo do Sinal de Entrada.

```
 1 //+------------------------------------------------------------------+
 2 //|                                                        MyAlgo.mq4 |
 3 //|                                                       Tayyab Rashid |
 4 //|                                                 www.tayyabrashid.com |
 5 //+------------------------------------------------------------------+
 6 #property copyright "Tayyab Rashid"
 7 #property link      "www.tayyabrashid.com"
 8 #property version   "1.00"
 9 #property strict
10
11 extern int TakeProfit=50;
12 extern int StopLoss=25;
13 extern double LotSize=0.01;
14
15 double pips;
16
17 extern bool UseBreakEven=True;
18 extern int MoveToBreakEven=50;
19 extern int PipsProfitLock=20;
20
21 extern bool UseTrailingStop=true;
22 extern int WhenToTrail=50;
23 extern int TrailAmount=30;
24 extern bool UseStoploss=true;
25 extern bool UseTakeProfit=true;
26 extern bool UsePosition=true;
27 extern bool UseRiskReward=true;
28 extern double reward_ratio=2;
29 extern int RiskPercent=1;
30 extern bool UseCandleClose=true;
31 extern int CloseAfterCandles=1;
32 extern bool TradeLong=true;
33 extern bool TradeShort=true;
34 extern int ShortMAPeriod=50;
35 extern int LongMAPeriod=100;
36
```

15-3 Esta é a variável na área global com todas as funções incluídas, além do EntrySignal().

CAPÍTULO 16:
Como Usar a Função OnTick()

Colocaremos o EntrySignal() em nossa função OnTick e dentro das chaves de IsNewCandle() e da declaração if TotalOpenOrders<1.

```
void OnTick()
  {
  if(IsNewCandle())
     {
      if(TotalOpenOrders()< )
         {
         EntrySignal();
         }
      }
      if(TotalOpenOrders()> )
         {
         if(UseBreakEven)
            {
            BreakEven();
            }
         if(UseTrailingStop)
            {
            TrailingStop();
            }
          if(UseCandleClose)
            {
            CandleClose();
            }
         }
   }
```

16-1 Esta é a função OnTick() com a função EntrySignal() incluída.

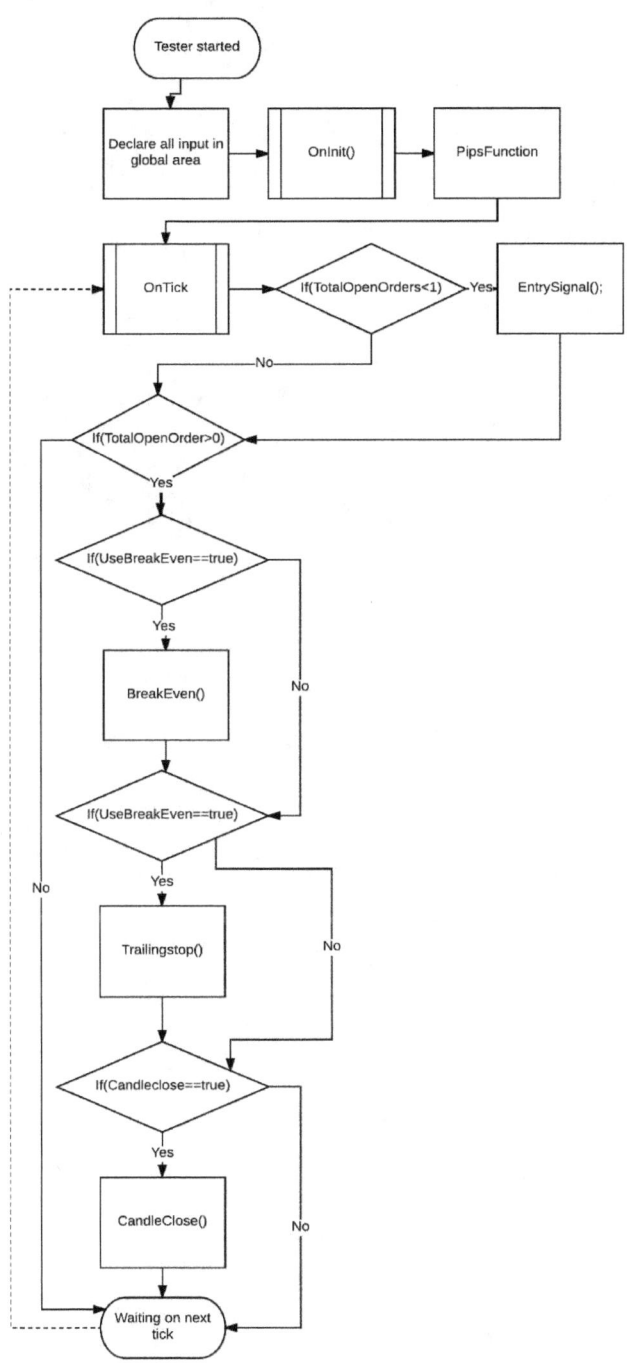

16-2 Diagrama de fluxo com a função EntrySignal() incluída.

CAPÍTULO 17:
Definindo uma Estratégia de Trade

Primeiro, pergunte-se por que você quer fazer trade. Enquanto você estiver no mercado, seu capital está em risco. Você pode correr grandes riscos para fazer grandes recompensas, o que equivale a técnicas de apostas, ou você pode negociar sabiamente e controlar seu risco para obter lucros razoáveis a longo prazo. Os traders profissionais fazem anualmente aproximadamente 7%, em média, um drawdown que é aceitável é o dobro de seu retorno.

Agora você tem os blocos de construção que você pode usar junto com a liberdade de ajustá-los e eles ainda permanecerão eficazes. Para evitar o ajuste de curvas, você precisa de um sistema que inclua parâmetros de volatilidade, mas não deve otimizar demais ou otimizar vários parâmetros diferentes ao mesmo tempo.

Desenvolvimento de estratégias de trade

1. Encontre um sinal de entrada, isto é feito alterando a função EntrySignal() e coloque sua própria lógica de trade e configure a função CandleClose()(Stoploss, Takeprofit, Breakeven e Trailing para false porque não usaremos nenhuma delas). Feche a posição após 5-10-20-30 velas e veja que tipo de sinal de entrada é, ele deve gerar um retorno geral positivo. Então, vale a pena ir mais longe com este sinal de trade.

2. Lembre-se de ter um período de tempo de teste significativo, além de incluir muitos tipos de mercados,

tendência de alta, tendência de baixa e mercados de amplitude. Tendência volátil de alta, tendência média de alta volatilidade e excesso de volatilidade também estão incluídos em seu teste. Execute a mesma lógica de entrada em diferentes pares e diferentes períodos de tempo para descobrir qual é o melhor. Você compreenderá rapidamente que uma entrada de breakout terá um retorno geral positivo quando você usar o fechamento de velas e optar por fechar logo após 5-10 velas, mas uma estratégia de tendência precisará de mais tempo para ter lucro. Portanto, com base em sua estratégia de trade, você deverá ser capaz de reduzir seu fechamento após um número de velas de parâmetro. Muitas vezes, não existe o mesmo mecanismo de abertura e fechamento para trades de compra e venda, então você pode primeiro encontrar uma estratégia para trades de compra e depois para trades de venda.

3. Quando você tiver escolhido o cronograma e um par com bom desempenho. Você tenta combinar sua estratégia de entrada com diferentes estratégias de saída. Pode ser um stop-loss, take-profit, trailing stop dinâmico, trailing stop de média móvel simples de 60 períodos, com ou sem breakeven. Você deve ter regras pré-definidas.

4. Para ter sucesso, você precisa de um portfólio diversificado de estratégias em diferentes pares e períodos de tempo. Porque, se você tiver uma estratégia de tendência, perderá dinheiro no mercado de abrangência, mas se você também

tiver uma estratégia de abrangência de mercados, você ganhará dinheiro com isso.

5. Qualquer que seja o sistema que você tenha, a taxa de retorno pode ser tão grande quanto 1:2.

6. As vezes pode ser melhor ir ao contrário e projetar um sistema de saída (o que você quer do mercado), e então projetar um sinal de entrada.

CAPÍTULO 18:
Declaração If

sto é frequentemente usado em funções e é tomada de decisão, ou em outras palavras, fazemos a pergunta se uma declaração é verdadeira ou não.

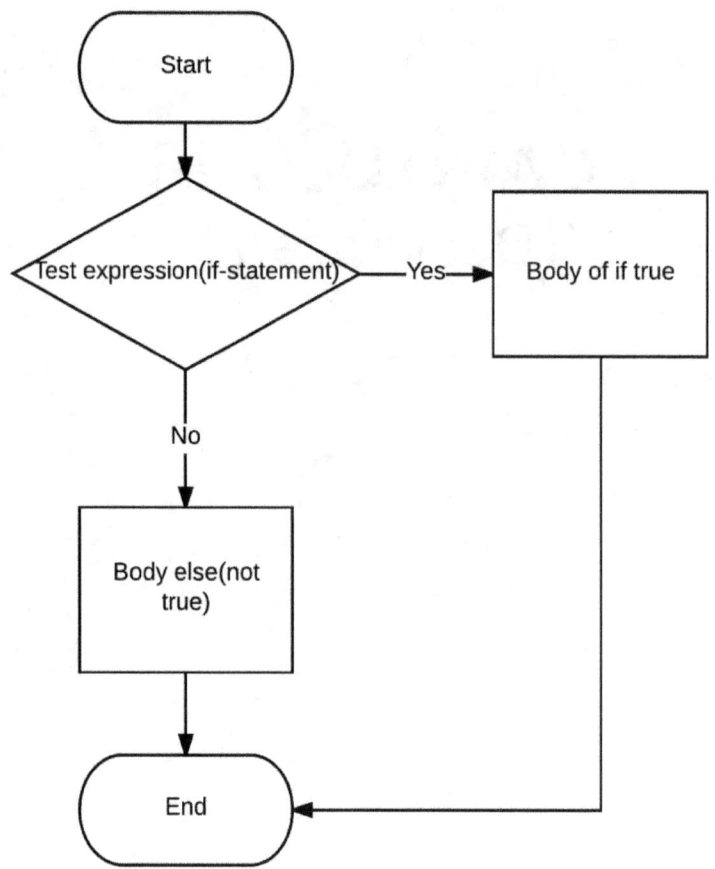

Este é um diagrama de fluxo de uma declaração if.

Desde o início, passe o controle para a declaração if. Se a declaração for true, então tudo no corpo do true é executado. Mas se este não for o caso e a declaração não for true, e sim false, então tudo no corpo else será executado, e ambos passarão o controle até o final.

Exemplo 1:

```
void Test1()
{
    int A= ;
    int B= ;
    if(A>B)
    {
        Comment("A is bigger Than B");
    }
    else
    {
        Comment("A is less than B");
    }
return;
}
```

Este é um exemplo de uma declaração if, nós temos uma função chamada Test1. Ela começa com a definição de duas variáveis A e B.

Depois temos uma declaração if que pergunta se A é maior que B. Depois, se isso é verdadeiro, temos um comentário de saída que é "A é maior que B". Se a afirmação for falsa, A é menor que B, então temos outro corpo que será executado. Um comentário "A é menor do que B".

Exemplo 2:

```
void Test2()
{
    int A= ;
    int B= ;
    if(A>B)
    {
        Comment("A is bigger Than B");
    }
return;
}
```

Este é outro tipo de utilização da declaração if, ele verifica se a afirmação é verdadeira, se for verdadeira comentará "A é maior que B", se não for verdadeira, apenas passará o controle até o final. Você pode ver o diagrama de fluxo abaixo.

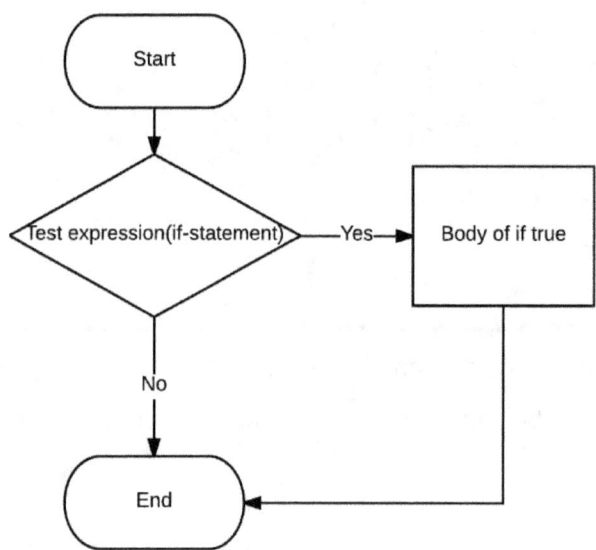

Declaração if sem outras declarações.

CAPÍTULO 19:
Função For Loop

Você pode usar o for loop ou while. Nós usamos um for loop.

Exemplo de for loop:

```
void test2()
{
    int Number=0;
    for(int i=3;i>0;i--)
    {
        Number=Number+1;
    }
}
```

Exemplo de um for loop

Aqui temos uma função chamada test2, que começa declarando uma variável Número como integer e atribuindo valor zero. Em seguida, executamos um for loop.

Começamos escrevendo for e dois parênteses como função com chaves de abertura e fechamento. Nos parênteses, escrevemos três variáveis. A primeira variável é quantas vezes queremos executar esta função ou loop que iremos definir entre as chaves de abertura e fechamento, ela executará tudo entre eles em cada loop. A segunda variável é quanto tempo queremos fazer um loop, desde que i seja mais do que zero. A terceira variável definida que é tanto o estilo ascendente quanto o descendente. ++ significa que começará com o número 1 e depois com os loops irá para 2, 3... - - significa que começará com 3 e depois com os loops 2 e 1, e parará aí porque queremos fazer um loop desde que i esteja acima de 0.

Nas chaves de abertura e fechamento escrevemos tudo o que queremos executar em cada iteração do loop.

Abaixo está o diagrama de fluxo do loop acima.

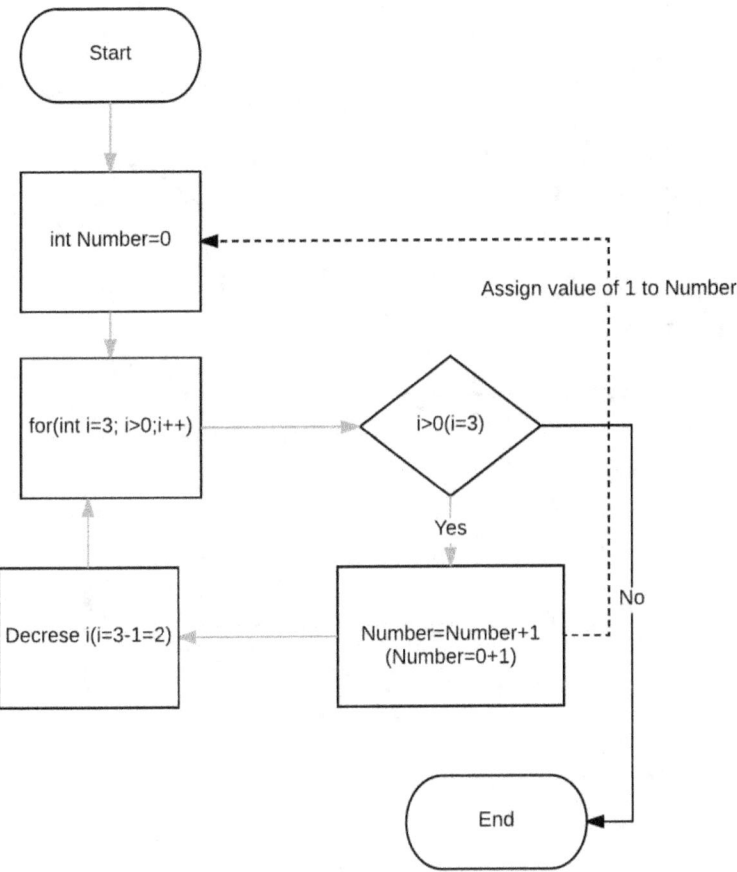

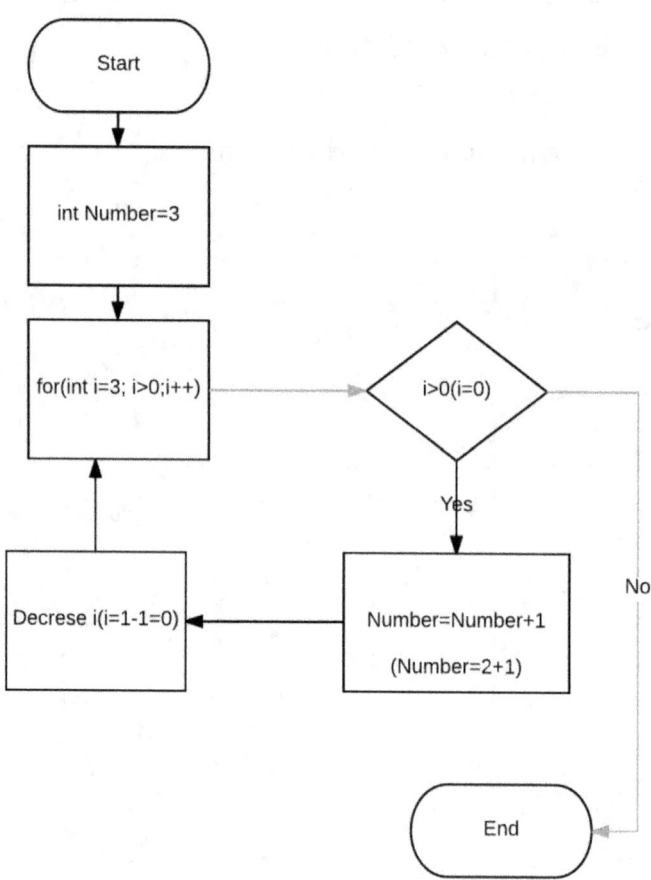

CONCLUSÃO

Obrigado por ter chegado até o final de *Programação de Expert Advisor para Iniciantes*. Esperemos que tenha sido informativo e que tenha sido capaz de lhe fornecer algumas ferramentas adicionais que o ajudarão a atingir seus objetivos de negociação. Os próximos passos, como eu sempre recomendo em meus livros, são tomar providências. Estabeleça uma conta demo com seu fornecedor de negociação favorito e teste as estratégias até alcançar os resultados que você precisa ver antes de abrir uma conta ao vivo.

PERFIL DO AUTOR

Wayne Walker é o diretor de uma empresa de educação e consultoria de mercados de capitais globais (gcmsonline.info). Ele possui muitos anos de experiência em liderar e treinar equipes de Consultores de Investimento e gerenciou equipes de alto desempenho no Grupo de Clientes Privados com base no Bench Mark Earnings (BME).

www.ingramcontent.com/pod-product-compliance
Lightning Source LLC
Chambersburg PA
CBHW072029230526
45466CB00020B/1169